起こらなかった世界についての物語

アンビルト・ドローイング

三浦丈典

彰国社

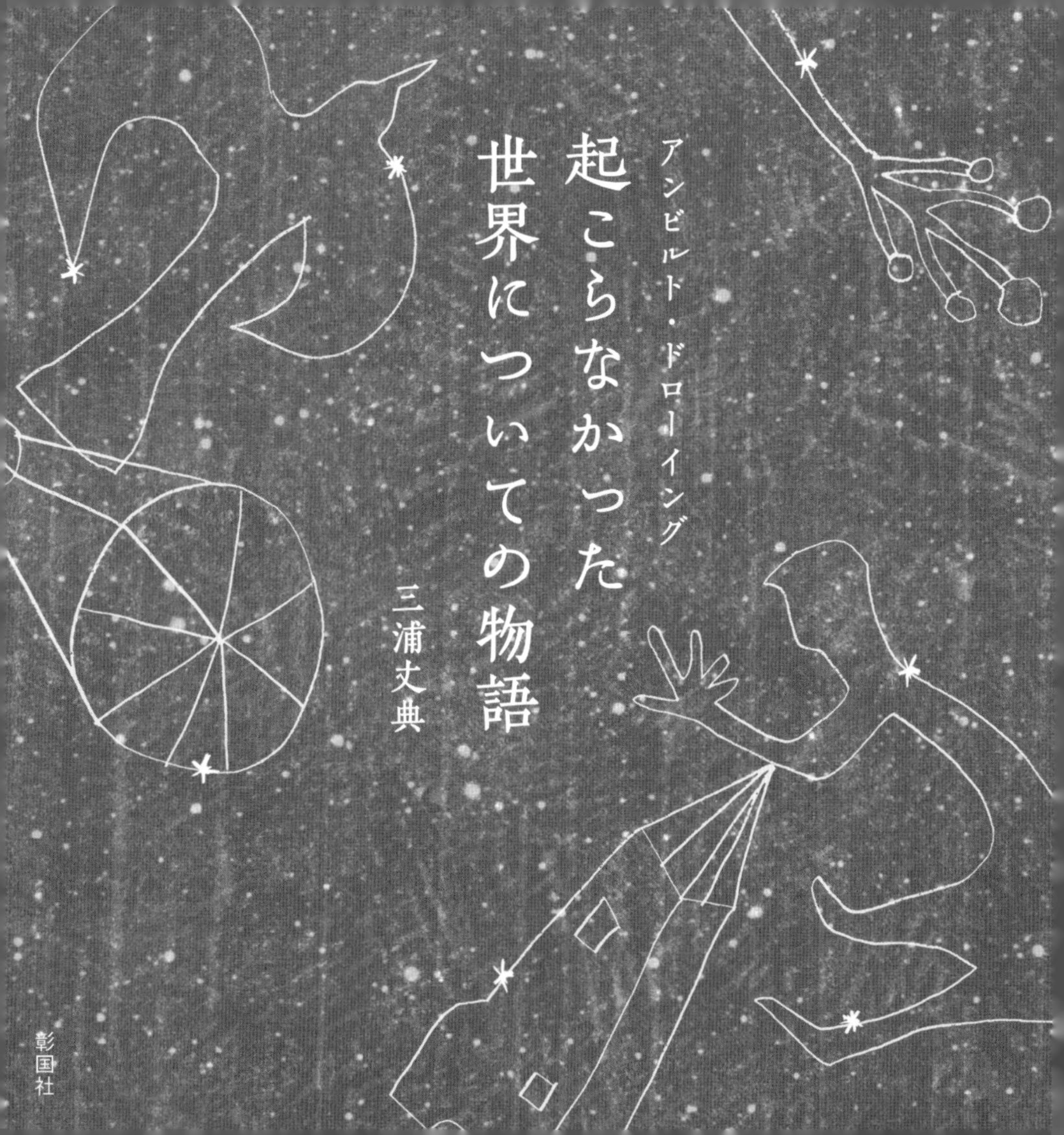

デザイン　圓岡美香　小林雅直

目次

はじめに　想像の翼

ぼくのまわりでよく「本当は建築家になりたかったんだけど、数学も物理も苦手だったからあきらめた」という話を聞きます。たしかに理系の大学に入ろうと思えばそういう試験科目を避けることは難しいかもしれません。でも実際はそれ以外のルートもたくさんありますし、何よりいま、設計の仕事をしているぼくは、複雑な計算や数式なんてこれっぽっちも使いません。電卓だって遅いし、エクセルの使いかたも実はよく分かっていません（そういうことをいうとだいたいにおいて、相手は非常にがっかりした様子になるのであまりいわないようにしていますが）。じゃあ一体、建築の仕事をするときに大切なこととはなんなのでしょう。

ぼくの大学での師であり、そのあと勤めた設計事務所の代表でもある建築家の古谷誠章さんはいつも温厚で、めったなことでは怒りませんが、一度こっぴどく叱《しか》られたことがありました。

当時、大きな市民会館の設計を担当していたぼくは、ワークショップを通じて仲よくなった地元の中高生たちからある日、「こんどみんなでお泊まり合宿をするから、お兄さんも来てよ」と誘われました。ぼくも「それは楽しそうだね。ぜひぜひ」と迷わず答えました。

それから一カ月ほどたって合宿の日取りが決まったころ、ぼくは設計の仕事に追われ、膨大な図面の山に埋もれていました。プロジェクトチームのなかでいちばん下っ端の自分が、さすがにこの状態で合宿には行けないなあと思い、やんわりと断ったのですが、それを知った古谷さんにすぐさま呼び出されました。

古谷さんがいったことはこういうことでした。

相手がこどもだからといって、約束をかんたんに破るような人間になってはいけない。相手の気持ちになって、相手が自分に何をしてほしいのか想像するのが建築家にとっていちばん大切なことだ。その上で、相手が想像もしなかった豊かさや楽しさを創造して投げ返すのが建築家の仕事だ。

ぼくは自分が恥ずかしくなり、すぐ電話をして合宿をすごく楽しみにしていることを伝えました。

創造することと想像すること。話し言葉で聞くとどっちのことかよく分からなくて、とり違えてしまうことがよくあります。というか不思議なことに、置き換えても意外と意味が通じてしまう言葉のように思えます。何かを創造するということは、その前にたくさんの想像があってこそ、はじめてできることのような気がするからです。

どうして最初にそんな話をしたかというと、この本をつくろうと思ったきっかけが、想像すること――創造することに先立って現れる、そして誰にでもできる原始的なおこない――の大切さをなんとか伝えられないかと思ったからです。

建築史に関する資料や本はたくさん出ていますが、よっぽどの学者や専門家でない限り、それをまるまる知識としてためこんでも、使いみちはほとんどありません。でもたとえばローマを旅行する前に、その場所の建築、歴史、むかしの人びとの暮らしなどをすこしだけ勉強したら、現地に行ってそこの空気を吸い、そこの食べ物を食べたとたんに、ばらばらだった知識がひとつになっていきいきとよみがえり、古代ローマ人たちの日常に想像が膨らみ、知らないで行くよりはるか遠くに旅立てるような気がします。ぼくは建築史の専門家ではないし、緻密で正確な分析はほかの人にお願いせざるをえません。でも、過去の限られた情報の隙間を埋め、街や生活を想像し、気ままな空想の旅に出るという楽しみは、専門家たちだけに任せてしまうのは本当にもったいないと思うのです。たとえ稚拙な誤解の集積だったとしても、それが間違っていたとしても、自分でつくった世界というのは、どんな借り物の世界よりも強く、豊かなのだから。

今回紹介するドローイングは、ぼくが学生のとき図書館の奥の奥のほうから引っ張り出してはぱらぱらと見て、興奮していたものを中心に集めました。ほかの人たちが手にとらないような本のほうが秘密めいてわくわくするので、だいたいが古めいた外国の本となって、意味なんかほとんど分からず、誰が描いたかもよく知りませんでした。それでもまるで絵本を眺めるこどもみたいに、勝手にその世界の主人公になって、あるいはその絵のタッチや色使いをまねてみたりしました。どんな人がこれを描いたんだろう、その人はどこでどんな人生を送ったんだろう、そして描かれたこの世界にはどんな人が住んでいるんだろう？　と想像しながら。

そういうことをしているうちに、自分が惹かれるドローイングにある共通点があることに気づきました。ひとつは、カタログ商品のように描かれた建築単体のドローイングよりも、そのまわりの風景や街全体を描いたもののほうが、世界に広がりがあって、より想像を膨らませられて楽しいということ。もうひとつは後に実現した計画のドローイングより、なんらかの理由によって実現しなかったアンビルト・ドローイングのほうが、自分の妄想の勢いが加速するということでした。

「アンビルト」という言葉は建築以外の人びとにはなじみがうすいと思います。un-built、つまり「建てられることのなかった」という意味ですが、その理由はてんでばらばらです。なんらかの外的要因（政治情勢や資金不足、コンペで負けたなど）もあれば、内的要因、つまり最初から実現を前提としていなかったドローイングも数多くあります。いずれにせよ、ここに描かれた世界たちは、時も場所も超えて存在しているのではなくて、それが描かれた時代背景や作家の状況などに密接に関係していて、その時代、その人にしか描けなかった絵空の社会認識です。つまりぼくたちは現実の時間を積み重ねて歴史をつくっていると同時に、その何倍ものパラレルワールドを日々喪失しながら、いまこの瞬間を生きているのです。

ヒトラーがいなかったら、リンカーンがいなかったら、織田信長が天下をとっていたら、いま生きているこの世界は大きく違ったものになっていたかもしれません。あたりまえのように存在するこの世界も、実はたまたま実現したもろく危うい世界で、ほんのすこしのきっかけで、まったく別の世界になっていたかもしれないし、現実離れして見えるドローイングたちも、あっさり実現したかもしれません。そう考えると、これからの未来の世界を決めていくのは、意外にもぼくやあなたであるかもしれないし、だとするといまぼくたちにしか描けない壮大な夢物語を、むかしの人たちに負けないくらいめいっぱい描かなくては、想像しなくてはいけないのでは、と思うのです。

一九九〇年代くらいを境に、圧倒的な世界の広がりを感じさせるドローイングがめっきり少なくなってしまいました。コンピューターグラフィックスが発達したせいで、手を使って描くことが少なくなったからかもしれないし、縮小していく社会のなかで、実現に結びつかないような作業は忙しくてやっていられなくなったのかもしれません。ただ理由はどうあれ、無限の可能性の存在に気づきもせず、誰かの勝手な都合でつくられた世界を安閑《あんかん》として生きるよりは、架空の世界を自由に飛びまわるたくましい翼をもっていたいと思うのです。

日本では特に、建物の図面を書く技術者のように思われていることが多い建築家ですが、そもそもそれは、まだ見ぬ新しい世界の成り立ちを提示することのできる数少ない職業のひとつです。建築士と違って建築家は資格なんてないから、そういったことに想像を膨らませれば、むしろ誰でも建築家といえるのではないでしょうか。

世界中の人たちが自分を空想の建築家だと思って、思い思いの想像の世界へ軽やかに飛び立てば、現実のこの世界もほんのすこしよくなるような気がします。

アンビルト・ドローイング

起こらなかった
世界についての物語

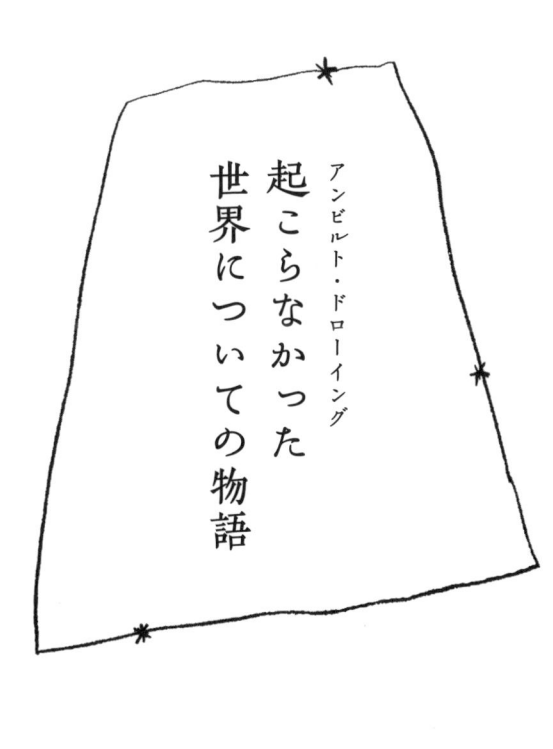

無意識の惑星

ポール・ルドルフ
Paul Rudolph　1918-1997

むかし、兄の部屋にこっそり忍び入って棚に並んだ『銀河鉄道９９９』を読むのが好きだった。いちばん好きなシーンは、新しい星に到着して車窓から眼下にその世界を見渡すところで、その次に好きなのは発車時間に間一髪まに合って、思いを抱えて飛び立つところ。安全で親密な列車のなかから見下ろすその世界はいつも危険と蠱惑《こわく》に満ちていて、しかもそのなかで無数の生命や生活がからみ合っていると思うと、その果てしなさにこどもながら興奮してくらくらした。

一九二七年にチャールズ・リンドバーグがスピリット・オブ・セントルイス号で大西洋を横断してから、空から見る街というのは旅人の特権となった。島国のぼくたちがはじめて目にする外国の風景はほとんどの場合飛行機の窓からの景色で、建物ひとつひとつのかたちは分からなくても、大地の起伏や空気の透明度、街や緑の色調やバランス、配合なんかが全然違

「リゾート・コミュニティの集合住宅」1966 年　Image Courtesy Paul Rudolph Foundation

って、異国へやってきたというあからさまなリアリティに直面する。都市は上からの視点を意識してつくるわけではないから、そこで生きる人びとの無意識的な本質をこっそり大胆に見ているようでどぎまぎする。

ハーヴァード大学でヴァルター・グロピウスのもと、正当なモダニズム建築を学んだポール・ルドルフは、たぶん実直明晰《じっちょくめいせき》でリーダーシップがあって、信頼のおける人なのだと思う。世界中に建築を建て、多くの都市計画も手がけ、空間にまつわる価値のある論考も多い。でもぼくが彼の名前を聞いて真っ先に思い浮かべるのは、厳密な議論でも規律正しいビル・ファサードでもなく、ロマンチックなほどに美しいドローイングの数々だ。

その筆致は「フランク・ロイド・ライトの初期の色鉛筆のスケッチの綿密な研究の成果」らしいけれど、もはや十分にオリジナルの風格をもち、七〇年代の世界中の学生たちはこぞって彼のタッチをまねた。規則性をもったボリュウムが機能的に反復され、旋律を奏でるようにそれらが肩を寄せ合い、森や海といった広大な自然のなかで凛《りん》とした存在感を放つ。

技術と根気というのは大切だなあ、としみじみ思う。豪胆さと繊細さ、おおらかさと正確さ、単純さと複雑さ、相反する、でも同時に存在しなくてはならないそれらの要素を紡ぎ合わせられるのは、技術と根気の力なのだ。建物のかたちを正確に浮かびあがらせる細かな陰影と、遠くに行くにしたがって輪郭を失い、やがて空と同化していく森や海。それらが時に強調され、時に省略され、全体としてひとつの世界をつくりあげる。ＣＧが発達したせいで、これほどのハンド・ドローイングを描く建築家はもはや世界中から絶滅してしまったけれど、人の感動は単なる視覚情報だけでなく、圧倒されるほどの情熱や経緯を感じた瞬間に呼び起こされるのだと思う。だからルドルフの絵はなるべく大判で、木の枝葉の一枚一枚まで見えるくらいに顔を近づけて見るのが正しい鑑賞方法だ。

彼は、「結局、透視図は、むしろ観念の抽象、理想像であって、予想される現実とはほとんど無関係な固定した光景である。（中略）ただ透視図のみが、建築家の心にあったものを伝え、その建物の真髄を伝えるのである」という。すべからく彼の描く上空からの姿は、そこで暮らす人びとにとっては直接なじみのない光景だし、むしろスポンサーやクライアント向けの説明資料として片づけられてしまうかもしれない。しかしながらこれらのドローイングが、常に設計図よりも先に描かれるデザイン・ポリシーであり、設計事務所内で迷ったときに必ず立ち戻る共有の根源的イメージであることを考えると、大空に向けて立ち現れるこの無意識的情景こそが、資本主義的モダニズムに回収されない、ほとんど唯一の都市の艶《つや》やかさであるという本質を、ルドルフはたぶん直感的に知っていたんだと思う。

旅人の距離感

エミリオ・アンバース

Emilio Ambasz　1943-

大学に入ったばかりの夏に、たしか東京ステーションギャラリーでエミリオ・アンバースの個展があった。専門知識のかけらすらもち合わせていなかったから、建築の展覧会という理由だけで突撃したような気がするが、草原に切れ目を入れ、擬態動物のように身をひそめる緑の模型は絵本の世界のように自由で空想的でどこか懐かしく、けれど大人びたクールさもあって心惹かれた。植物で覆われた建物たちは、打ち棄《す》てられた廃墟のようであり、原始的な棲《す》み家《か》のようにも見え、建築という得体の知れない世界を前に立ちすくんでいた自分の気持ちが、ふわりと軽くなったことを覚えている。

それから長い月日がたって、環境問題が（当時の誰もが予想しないほどまでに）みなの心配事になって、緑化やビオトープを用いたグリーン・アーキテクチャもさらりと実現するようになったが、でもそれはむかし見た

「共同生活者のための葡萄園」1976 年

あの状景とはどこかかけ離れていた。

アンバースのドローイングを見て感じる感覚は、旅人が見慣れぬ街にたどり着いたときに似ている。家々の窓の奥にはきっと温かい生活があるのだけど、でも自分はそこに入ることはできず、その外と内のずれが相容れない不穏な感覚。突き放された身軽さを心地よく味わいながらも、自分が不安や疎外を身にまとった異邦人で、対象からも緩やかに拒絶され、それを打ち明ける友もいない。そしてそれが永遠に続く静止した時間の感覚。

一九四三年ブエノスアイレスで生まれたアンバースの青年期は、同じアルゼンチン生まれの革命家エルネスト・ゲバラの闘争の時期に重なり、ゲバラがボリビアの渓谷で射殺されたとき、アンバースはプリンストン大学で学生生活を終えようとしていた。

ゲバラは南米各国で友として、同志として、英雄としてむかえられ、と同時に誰からも厄介な部外者として拒絶され続けた。時に激しく、時にひそやかに。生まれ故郷を離れ、「侵略の国」（ゲバラ）アメリカで建築を学んだアンバースの絵や模型を見ていると、なぜか希望と絶望をともに抱えた革命家が、新しい街にたどり着いた風景を思い起こしてしまう。その理由はきっとドローイングが醸し出す自分と対象との距離感で、距離を保つ誠実さは物語の完全さにとって非常に大事だ。説明されすぎないことによって、物語は静かな広がりを保ち、同時にそれは世界への敬意となる。自分が見ているものの外側に、まだ語られていない場所がたしかに存在しているという感じ。自分が常に旅人であり続けることによって、世界は広がり、壮大な世界があるという安心と絶望のもと、自らは謙虚でいられるのだ。

「共同生活者のための葡萄園」

そんなアンバースが——おそらく発表された数多くのドローイングのなかで唯一といっていい——旅人の衣を脱ぎ、建物の内側に入った貴重な一枚がある。垂れ下がる熟れた葡萄《ぶどう》の瑞々《みずみず》しさといったら！ 建築のドローイングでこんなにもおいしそうな果物をぼくは見たことがない。でもそこにはまぶしい光が充満し、自然の恵みが豊富で、そして決して愛想よくはないが、「つべこべいわずオラについてこい」とでもいうように歩き出す農夫の優しい背中が見える。疲れ果てた革命家を場所全体が癒しむかえ入れる感じが、すがすがしいリアリティと重量感をもってたっぷり表現されているように思うのだ。

幕切れの余韻

スーパースタジオ

Superstudio　1966-1982

スーパースタジオのドローイングを見ると、こどものころ観ていたアニメのエンディング曲を思い出す。いいアニメには必ずしっとりとした終わりのテーマソングがあって、それは大人びた孤独や覚悟のようなものをうっすら知らせてくれた。『デビルマン』も『ギャートルズ』も『ルパン三世』も、だからこそ好きだった。

六人のメンバーからなるイタリアのスーパースタジオは、ほぼ同時代に活躍した英国のアーキグラムとともに、建築界のロックスターのように語られることが多いけれど（たしかにともに建築界を揺る《ロック》がしたという意味ではそうなのだが）、でも実際はまったく別の方向を向いていて、彼らをひとくくりにはできないし、そもそもぼくにとってスーパースタジオはやっぱり哀愁たっぷりのアニメソングなのだ。

古代の街並みが平然と残るイタリアの「考古学的日常生活」にとって、

「ニュー・ニューヨーク」1969 年　New New York, Superstudio 1969, from the series the continuos monument

二〇世紀初頭に登場したモダニズムは大河の氾濫《はんらん》のような衝撃をもっていた。おそらく日本人の想像をはるか超えるほどに。抽象化・純粋化された白い箱が、その土地の歴史や風土とは関係なく各地で同時に誕生し、それはいよいよ建築文化史の最終局面を予感させるものだった。もうこの先の展開はない、という興奮と絶望。歴史の終わり？　それに加えスーパースタジオが活動を開始する一カ月前の一九六六年一一月、フィレンツェは現実に未曾有の大洪水に見舞われ、街は多くの死者とともに甚大な被害を受けた。長年かけてつくりあげたこっちの都合にお構いなしの、太刀打ちできない暴力に対する無力感。ルネサンス芸術の貴重な作品や文書は泥に流され、それは文化が一瞬にして消えてなくなるはじめての実体験だった。

スーパースタジオの描く建築がもはや建築の規模を超えてまるで自然災害のように映るのは、この強烈な事件によることは否定できないし、だからこそキャリアを通じて最後まで実作は手がけられなかった。だってあれに打ち勝つ力のある建築でなければ実現の意味がないから。そればかりか、あふれる泥流は若きメンバーにとって、単なる天災ではなく、無機質な建築が林立し大量生産大量消費のものやごみで街が覆われていく同時代の街並みとシンクロした。そしてそれに対して彼らが唯一できることは、架空の心中だった。

窓も玄関もないメタリックな塊は、空や海を反射させながら無言のまま上空を浮遊しているが、これは誰かに望まれてそこにあるのではなく、ただただそこにあって、でもそれを受け止めなければならない、という事実のみがある。その世界はミステリアスで寓話《ぐうわ》的で美しいけれども、全然楽しげでないし、人びとは疲れ果てながらも半ば焼糞《やけくそ》に未来生活を振る舞おうとしているように見える。うすい皮をめくると一気に涙があふれ出てくるような、絶望ぎりぎりの精神状態のような緊張感。それはアーキグラムのもつ底抜けの明るさとは対極なのだ。そしてぼくはこの絵自体よりも、むしろこういう描きかたしかできなかった当時の行き詰まり感と、それに敏感に的確に反応した繊細で純粋なイタリア青年たちに同情し、胸が痛む。だって数年後にはこれと対極の、きらびやかで張りぼての、無節操なポストモダン文化が世界を席巻することを知っているから。

スーパーヒーローはいつも強く優しく前向きでいなくちゃいけないけれど、その実、はかなさやもろさと表裏一体で、それは永遠に相容れないが共存しなくてはならない。絶対的な存在が、危うい土台の上にかろうじて成り立っているという不条理。アニメのエンディング曲はその事実を最後に仄《ほの》めかす役割だった。スーパースタジオに許された時間もまた決して長くなかったが、人の記憶には深い深い余韻を残した。

はかなく伝えるということ

ルドルフ・シュタイナー

Rudolf Steiner　1861-1925

黒板絵を見るとひやっとする。ヨーゼフ・ボイスの作品はもちろん、ヨーロッパの街を歩いていてカフェの前なんかに色あざやかなチョークアートのようなものがあるといつも目を奪われてしまう。理由は自分でもよく分からないけど、深い暗闇に原色のチョークの粉がぱっと浮かびあがる感じが、なにかすごくもろくはかない感じがして、とにかくいま見ておかなくちゃ、という気持ちになってしまう。泡沫《ほうまつ》夢幻《むげん》、どんなに緻密に描かれたものも、さあっと撫《な》でるだけで消えてしまうから。

ルドルフ・シュタイナーの黒板絵は、もともと彼の講義の際に受講者のために描かれた板書で、熱心な女生徒エマ・シュトレがそれを正確に記録するために、授業前に黒板にこっそり同じ大きさの黒い紙を貼っておいたことに端を発するらしい。だからこれらは純粋な意味でのドローイングではないし、作品とも呼べない。にもかかわらずそれをじっと見ていると、

「かつて地球は巨大な獣であった」1922 年

消した跡やその上から重ねられた跡、そこにさらに書き加えられた文字などがまるで花火のように次々に浮かびあがり、きわめて芸術的な、連続する視覚体験に没頭してしまう。

七歳で霊視能力を身につけ、一〇歳になると幾何学と文学に没頭し、一四歳で哲学に興味をもつようになったシュタイナーは、大学に入ると数学や物理学の傍ら錬金術や植物の薬効、自然霊との交わりを学ぶ。科学とオカルティズム。一見相容れない二つのものを彼のなかで結びつけたのは神智学の価値観であり、また生涯を通じて研究テーマとしたゲーテの教えであった。そしてそれはシュタイナーの体内でひとつの流れとなって、宇宙そのものへとつながっていく。

こどもも老人も、労働者も病人も、シュタイナーのもとを訪れ、毎日あらゆる質問を投げかけた。

「シュタイナーさん、大地はどうしてあるんですか?」

「先生、蜂《はち》にはどんな意味があるんでっしゃろ」

「どうしてボクたちはのうぎょうをするの?」

それらひとつひとつに対し、シュタイナーは身振り手振りを使い、時に図を描いて懸命にその理由を説いていった。前頁の黒板絵は「かつて地球は巨大な獣であった」話をしたときに描かれたものだけれど、「よく動く目だけの存在である竜鳥」や「それを通して宇宙空間を見ている怠惰な獣」、それらが人間の胃や腸の働きに似ていること、などが黒板に次々に書き足されていく。その言葉の勢い。

シュタイナーがこれだけ風変わりでありながら、芸術分野はもちろんのこと、教育学や治療学、経済学や農学などでいまなお絶大な支持をえているのは、おそらく彼の発する言葉のたぐいまれな美しさによるのだと思う。どんな話をするときも、シュタイナーの言葉は情感にあふれしかも単純で、そして借り物でない彼内部の宇宙からの響きであった。だからそれはいつもまるで覚えたての言語のように飾らず武骨だったが、かわりに黒板に描く図も、計画する建築の図面も、それは彼にとって同じようにまた言語であった。

何かを伝えるという行為は、相手のことを思い、相手の頭のなかを想像し、その上で即興的に構築する芸術的ともいえる行為である。だから言語は本来一回だけの使いきりで、発したとたんに空中で蒸発してしまう。消えてしまうからこそ生み続けなければいけないし、枯らしたりあきらめたりしてはいけない。想像し、伝えることへの真摯《しんし》な姿勢。消されながら書き足されていくシュタイナーの黒板絵は、まさにそのことに気づかせてくれる。

愛を求めてまっすぐに

シャルル・フーリエ

Charles Fourier　1772-1837

歴史上の建築家たちはその時代の生活のさまざまな問題や課題に対して、知恵を絞り多くの解答や提案を示してきたけれど、まだ手つかずのものがあるとすればそれは愛や性といった分野だ。

建築は物質世界の中枢にあり、愛は精神世界の象徴で、互いに我関せずといった感じだし、ぼくも都市や建築が人に感動を与えてほしいとは思うけど、特定の感情や行為を誘発したり、精神をコントロールすべきではないと思う。だいいち建築家が大まじめに愛を語って一体誰が耳を傾けるだろう？　いや、やっぱりおかしい。

シャルル・フーリエは自らが掲げる理想的な農業協同体を「ファランジュ」と名づけ、そこで生活する人びとの幸福を、人生をかけて伝えようとした。文章が難解な上、書き散らされたものを弟子たちがやっとまとめたという感じなので、完全に理解することはたぶん無理。でも資料は多くそ

「ファランステール」1840 年代

ろいつつあるので（なかでもお薦めなのはジョナサン・ビーチャーによる『シャルル・フーリエ伝――幻視者とその世界』と、石井洋二郎の『科学から空想へ』の二冊です）、それらを読むといいままで思っていた都市や建築の専門書のイメージが覆されると思う。

では具体的に。

物質に万有引力が働くように、人間は一二種類の情念引力をもって互いに惹かれ合う。そしてすべての人間は情念の類型によって八一〇種類のタイプに分けられ――ああ、なんという強引さ！　――理想的な協同体はそれぞれ二名ずつ、一六二〇名によって営まれる。そこでは家族という概念が解体されて、結果的に家の中や外という境界もあいまいになる。中心に位置する居住施設「ファランステール」は設備インフラも兼ねる回廊によって快適に保たれ、こどもは中二階に集まって育てられることになる。労働によって貧富の差は生まれるが、十分な社会保障と均一な教育システムによって争いは起きなくなる。農業生産を集中管理することでみな現在よりも格段に裕福になり、さらに段階的に成長していくだろう。

フーリエがおもしろいと思うのは、建築家が避けてきた（でも生きていく上では欠かせない）さまざまな日常に真っ向から対峙して、ユートピア思想家や宗教家が避けてきた語り口で、まっすぐ突き進む犀《さい》のような純真さだ。たとえば、「異性間の結合方式」を三段階に分けて、互いの意思を尊重した自由でフレキシブルな愛と性のシステムを説いたり、美食《ガストロノミー》や大食《グルマンディーズ》を「複合的快楽」として奨励し、食べても太らない「ジャムやリキュールなどの甘いもの」の開発に努力を惜しまなかった。家父長制の野蛮さを笑い、同性愛やフェティシズムにはむしろ敬意を示した。トマス・モアやルソーの伝統的なユートピア思想は贅沢《ぜいたく》を禁じ、自らを戒めてばかりだったけれど、フーリエはそれらを「キャベツとひどくまずいスープで維持されている」と呆《あき》れながら、贅沢は情念を充足させるために不可欠であるとした。なんという実感のこもった具体的な贅沢！　そう、フーリエの世界は時空を超えて瑞々《みずみず》しく立ち現れる実感にあふれているのだ。

　言葉に拘泥するあまり、具体性とリアリティを失っていつのまにか文字から意味が離れていくことがあるけれど、フーリエは異常なまでの数字への執着と、快《こころよ》さへの科学的探求心によって、自らの感情とそれが喚起する他人の想像力をフレッシュに保ちえたのだと思う。

　フランス革命のさなか、オルレアン公ルイ・フィリップが財政難を克服するために建てたショッピング・アーケード街「パレ＝ロワイヤル」に田舎からはじめて訪れた一八歳のフーリエは興奮と感動を覚え、母に手紙を書いたという。

パリは気に入ったかいと、お母さんは聞きたいでしょうね。すばらしいですよ。ちょっとやそっとのことでは驚かないぼくだけど、パレ＝ロワイヤルを見てびっくりしました。はじめて見ると、妖精の宮殿へと入ったような気がします。ここには欲しいものがなんでもあるのです。芝居、壮麗な建物、遊歩道、モードなど、とにかく望みうるすべてのものが。

この強烈で純粋な一瞬を別のかたちで再現することに、彼は一生をかけた。資金提供を募って建設したファランステール計画があっけなく失敗に終わり、世間から奇人扱いされ冷たくあしらわれた晩年、灰色のすりきれたフロックコートに身を包み、酒瓶とパンをポケットにぎゅうぎゅうに詰めこんでパレ＝ロワイヤルの柱廊に沿ってさまよい歩くフーリエの姿が何度も目撃されている。

Column

ユートピア

ユートピアの語源は1516年にイギリスの作家トマス・モアが出版した著書のタイトルだが、「どこにもない場所＝理想郷」というイメージがひとり歩きして（実のところモアのユートピアは結構冷酷残忍で、理想郷とはいえないのだけど）、その後文学をはじめとしてさまざまな芸術分野で引用、転用されているのはご存じの通り。建築においてもフーリエやイベネゼル・ハワード、ブルーノ・タウトらの建築を指す際によく使われるが、固定化したイメージをもつからこそ、そういうくくりにしてしまうことで、個々の特徴がかえって見えづらくなっている。

理想の社会を描くことは建築家の仕事であり本能でもあると思うけど、ユートピアは与えられるものではなくて、ふとしたときにささやかに感じては消えていく、瞬きのような自覚だと思う。自分はいまこの世界に自由にかかわっている、と思えることや、制限とすら思っていなかった制限にある日気づいて、そこから解放されていく喜び。だから物質的である建築とユートピアは実はそんなに相性がよくないのだ。

神の目線

ピーテル・ブリューゲル

Pieter Brueghel C. 1525-1569

むかしむかし、ニムロデの王国の広い平野に集まったノアの子孫たちは、石としっくいのかわりにレンガとアスファルトを使って、たかいたかい塔をつくろうといい出しました。

「さあ、天にも昇る塔の建設のはじまりだ。いそげやいそげ」

それを見た神様はたいそう怒り、人びとが別々のことばを話すようにしました。ことばが通じなくなった子孫たちは混乱し、塔の建設を途中であきらめ、やがて世界中にちりぢりとなっていきました。

ピーテル・ブリューゲルの描く世界はいつも芝居がかってどこかユーモラスで、題材の壮大さや残酷さをいつのまにか上手にくるんでしまう。戦乱や飢饉《ききん》、圧政や宗教改革が次々に起こる一六世紀フランドル地方の激動

「バベルの塔」1563 年　Kunsthistorisches Museum, Vienna

のなか、ブリューゲルは死体が折り重なる戦火もよく肥えた陽気な農民も、居酒屋も売春宿も聖書も古い諺《ことわざ》も、頼まれればなんでも一枚の絵に仕立てあげた。そしてそんな彼に対し、裕福な銀行家たちは気ままなリクエストをどんどん投げかけた。いったん彼の手にかかると、どんなイメージもひとつの世界に閉じこめられ、個性的な舞台背景のなかで過不足ない登場人物が完璧な配置でそれぞれの役まわりを演じた。そして美しく分かりやすい、という特徴はブリューゲルの画家としての位置を確固たるものとした。『創世記』に登場する「バベルの塔」は歴史上の多くの画家がとり組んだモチーフで、ドレやキルヒャーが描いたのも結構いいのだけど、知名度でいえば断然ブリューゲルだ。そしてその理由はもちろん分かりやすいから。原書にあるわずかな記述から想像を膨らませ、いきいきとした世界に仕立てるのは彼にとって難しいことではなかった。シンアルの平野は当時世界最大の港湾都市だったネーデルラントの港でスケッチを起こし、バベルの塔はイタリア旅行で見たコロセウムを手本とした。暴君ニムロデは髭《ひげ》をたくわえた巨男《おおおとこ》に違いないし、そこにひれ伏す哀れな石工はおなじみの名脇役に登場願おう。そうやって完成したブリューゲルのバベルは、もはや原書よりも有名なイメージとなって世界中の人の目と記憶に焼きついた。

「分かりやすさ」というのは対象への思い入れに反比例すると思う。どんな相手や世界であろうとも、そこに埋没しないで距離を保ちつつ、けれども注意深く見つめるということ。筆に全精力をそそぎこみながらもどこかで、絵にすぎないのだ、といっているような感覚。その重心のかけかたがブリューゲルの世界に枠組みを与えていて、これはたぶん神の目線に近い。神の目線というのは「所詮《しょせん》〜だ」と思う寛容さのことだ。所詮絵だ。所詮芸術だ。所詮人間だ。対峙しながらも常にその外側から包みこみ、愛着をもちながらも同時にそれをあきらめられる意志と覚悟をもっている強さ。

ニムロデの神様は人間がひとつの場所に住み、ひとつの言葉を話し、ひとつの建築を築きあげることに怒り、警告を発したが、いま思えばなんて健全な不徳だろうと思う。ネーデルラントはさまざまな災難を乗り越え、彼が四四歳の若さで人生の幕を閉じる一六世紀後半には、交易中心のコスモポリスとして物質的繁栄をきわめた。苦難の末に行き着いたこのような繁栄ですら、ブリューゲルは神への冒瀆《ぼうとく》として背徳心を感じていたようだ。もし彼が生きていたら、二一世紀のこの社会をどんな絵に仕立てあげるのかな。

虚構の恍惚

ハンス・ペルツィヒ

Hans Poelzig　1869-1936

ハンス・ペルツィヒはあまり人から好かれるタイプではなかったようだ。彼はいつも「人びとが天才とはこうではないかと心に描くように振る舞った」し、あらかじめ考えておいた劇場のファサードアイデアを、たったいま思いついたかのように「食事の際ナプキンにざっとスケッチした」り、かと思うと口汚いスラングをわめいてわざと悪振ったりしたという。

こういうエピソードを聞くと、見栄っ張りで孤独な、でもどこか憎めない小男を想像してにやにやしてしまうけど、二〇世紀への移り変わりのころ、欧州諸国は終わることなき大小さまざまな戦争にとり憑《つ》かれ、駆け引きや策略に奔走し、それは軍人のみならずすべての人びとの人生に気まぐれな影を落とし続けた。おそらくペルツィヒもまた、時代の大きなうねりによって翻弄《ほんろう》されたひとりなのだ。

自らの意志か時代の意思か、ペルツィヒは建築はすべての芸術の上位に

「ザルツブルク祝祭劇場案」1920 年頃

ある「総合芸術」と信じていたし、来るべき時代はすべての国や歴史が統合された統一社会であるから、建築もあらゆる時代や風土が混在し、同時にそれらを超越したものだと考えていた。だからペルツィヒが描く建築はいつもさまざまな様式が同居し、壮大で神秘的で、そして芝居がかっていた。当然ながらそんな彼がもっとも得意とする建築は劇場だった。

ペルツィヒの描くドローイングはまぶしい照明にあふれ、割れんばかりの拍手が聞こえてきそうだ。そこでの争いはすべてつくりもので、客席のランク分けすらなく、演者と観客が陶酔の共有体験を行う場所だった。形態ではなく体験を伝えるドローイング。音と光の粒子が画面いっぱいに充満していて、壮大な協奏曲を聞いているような気持ちになる。こういった虚構の恍惚《こうこつ》こそが、彼の思う理想の現実だった。構造的不合理性や、ひとつのモチーフを執拗《しつよう》にくりかえす単調な造形は、同時代の建築家からも批判の的となったが、彼の興味は新しい未来の建築形式やひな形ではなく、演劇のような一回きりの体験、これより後にも先にもつくられない固有の建築だったから、むしろ当然のことだった。そして彼の建築はやがてより自由奔放に、洞窟《どうくつ》のような曲線の造形へと傾倒してゆく。

晩年のペルツィヒの仕事は、悲しいことに建築よりもむしろ映画セットのほうが主流であった。カルト映画『巨人ゴーレム』（一九二〇年）の撮影のため、彼はベルリン郊外に五四軒もの住宅からなる世にも奇怪な村をつくりあげたが、皮肉なことにその張りぼての、永遠に使われることのない建築こそが彼の本当にやりたかった思いをもっとも純粋に伝えているように感じる。

「重要なことは地表を彫塑《ちょうそ》的に改造することだったのだ」

遺稿のすみに走り書きされたこの一文に、生み出すことのできなかった建築への渇望と絶望を同時に感じる。そして、「地形」でなく「地表」というところにペルツィヒの意地と無念を感じて哀切きわまりない。

映画『巨人ゴーレム』のセット 1920年

時をかける想像

アルド・ロッシ

Aldo Rossi　1931-1997

だいたい『アルド・ロッシ自伝』なんて書くあたりが、きわめてイタリア的なのだ。

ぼくにとってのイタリア的なるもの、というのはフェラーリでもプラダでもなくて、強いて挙げるとジュゼッペ・トルナトーレとかウンベルト・エーコあたりには当てはまるような気もするのだけど、少し違う気もする。そしてそれは自分が永遠にもちえないある種の精神性の象徴なのだ。

簡単にいうと、それは自分を歴史の一部ととらえる感覚。頭では分かっていても、根本ではぼくの理解を超えている。歴史という概念が歴史的でない、というか、歴史を考えることが自分を知ることであり、自分と歴史の境界があいまいで、自分のことを話しているのか、お国の歴史について話しているのかがたまに分からなくなる感じ。そういう感覚が究極的に何をもたらすかといえば、刹那《せつな》とは対極の、死の真っ当さだと思う。死が連

「仔馬」と名づけられた椅子の習作　一九八三年

続することで生み出される歴史の生命力、あるいは自分の人生をはるかに超える時間認識というものを、本能的にもち合わせている人が、ぼくにとってのイタリア的なる人だ。フランス的でもイギリス的でもなく。

歴史をまっさらに漂白しながら近代化されていく二〇世紀半ばの都市を歩きながら、ロッシはそこに古代、中世の街並みを同時に透視していた。すり減った石畳を見ていにしえの人びとと会話し、休みの日には古い修道院を訪れかつてと同じ光や影を味わった。いまあるものの何倍もの量のかつてそこにあったもの。そして時空を超えた建築の類型学をひとつひとつ積みあげ、三五歳の若さで名著『都市の建築』を書きあげた。

自伝のなかで「都市は、たとえ何世紀にわたって続こうとも、実際のところ、生ける者と死せし者の巨大な露営地であり、(中略)休暇が終わればば、建築のエレメントはずたずたに裂け、路上をふたたび砂が覆うことになるのだ」とある。建築を生み出しながら、それが歴史の一部となって街をつくり、それがやがて滅びていくこと、そしてそのころには自分がこの世界に存在しないことに全然動じていない。その潔さ、つつましさ。

ロッシは世界中に多くの建築を手がけた。規則正しいスマートな柱割りや美しい古典的プロポーション、そして時間が止まったような静寂。機能がかたちを決めるモダニズム建築と違って、それが集合住宅なのか劇場なのか、あるいは墓地なのかもよく分からず、つまりは古代の遺跡のようでもあり、打ち棄《す》てられた廃墟のようでもある。そしてこのような感覚は彼のスケッチやドローイングにも通奏低音で響く。

「仔馬」と名づけられた椅子のデザインのために、ロッシは何枚もの美しいスケッチを描きためた。けだし、それはデザインのための素描というよりも、むしろそれが置かれる架空の場所を描いている（描くというよりも、先の尖ったものでがりがりと傷跡を残すようなタッチで）。椅子は手前に小さくあるだけで、それを覆い隠すように魚や蝦《えび》らしき生物が浮遊している。壁時計は時を刻み（いや、止まっているのかも）、室内にも窓の外にも古典的プロポーションの建築が並んでいる。そして主役の仔馬は骨だけとなって画面を大きく横ぎる。骨はかつてそこにあった肉体——走ったり食べたり吠《ほ》えたりする実存的かたまり——の存在を示す無口で雄弁な手がかりであり、彼を魅了してやまないお気に入りのモチーフだった。

ロッシは人や動物を見ながら同時にその奥の死骨を透視し、そしてそれとまったく同じやりかたで街を見ていた。だからこそ死は歴史を紡いでいくくさびにすぎないし、悲しさや怖さとは無縁だ。一九九七年マジョーレで交通事故に遭って唐突にこの世を去るところもなんともロッシらしい。きっとどこか別の時間をよそ見してたんだと思う。

ここではないどこか

マッシモ・スコラーリ
Massimo Scolari 1943-

学生のころ、はじめてアルバイトに行った設計事務所の打ち合わせ室に大きなピラネージの版画が掛けられていた。見たこともないくらい緻密で美しい版画だったけれど、忙しいスタッフの人たちは気に留める様子もなく、所長もそれについて何か話すこともなく、ただそこにあった。そのあと事務所の大掃除があって長年あったその絵が運悪く仕舞われ、かわりに大きな模型の段ボール箱が置かれたとき、思いのほかさみしくて、自分も将来事務所を開くことができたらお気に入りの絵を一枚飾ろうと思った。いま、自分の事務所に一枚だけ建築の絵を飾るとしたら、マッシモ・スコラーリの水彩画がいい。

飾りたい絵と好きな絵というのは似ているけれどすこし違う。好きというのはおもしろいとかめずらしいとか興味深いとかも含まれているけれど、飾るとなるともっと慎重になる。絵を飾るというのは、同時にその絵が自

「シークレット・タウン」1978年

分を見ているような感覚もあって、そういう意味では画集を所有するのとも大きく違うのだ。見守られたい絵というのは美しいばかりでなく、壮大で優しく、永遠に手の届かない資質のようなものを含んでいてほしい。べったりと親密な関係になってしまうのでなく。

アンビルトの建築家という文化土壌がない日本においては、スコラーリはあまり知られていないけれど、ヴェネツィア大学で教鞭をとりながら『コントロ・スパッツィオ』誌の編集を行うなど、活躍は多岐にわたっている。批評家としても有名。でも彼を知ろうとするなら難解な文章と格闘するよりも、無口な絵を一枚、大きな壁に飾るのが断然いいと思う。

スコラーリはたくさんの幻想的な水彩画を描いたが、そこに共通するのは空気の質、つまり温度や湿度、空の高さや砂っぽい匂い、そして無音であるということ。水彩のタッチは起毛する毛布のように柔らかく丁寧で、しかもカンバスのすみずみまで一部の余白も残すことなく、塗りこめられている。建築でなく、そのまわりのしんとした大気をまず先に感じてしまうような世界。こんなにも美しい曇り空を描ける建築家をぼくは知らない。

実現すべき世界を描くというしがらみから解放された建築家には、いつも悲しみを含んだすがすがしさがある。そしてそのすがすがしさは「ここではないどこか」を描くときにすごく大切だ。なぜならもしそこに実現への媚《こ》びがあると、イメージに居心地のよさや親密さのようなものが含まれてしまって、それはもはや崇高な「ここではないどこか」でなくなってしまうから。そういう束縛から離れながらもリアリティを失わずにいる、という態度と技術がスコラーリの世界に威厳と安定をもたらしている。

彼の絵には、鳥のような折り紙のような不思議な飛行体が頻繁に登場する。それはいつも静かに空中に浮かんでいて、建築とは一定の距離を保っている。何ものにも属さず、大地とも建築とも相容れないその気高さこそがスコラーリの自由さであり創作への誠実さだ。

社会の煩雑さや目先の利害に惑わされず、もっともっと遠くを見つめ、観るものを静かに奮い立たせてくれる絵。やっぱり飾っておきたくなる。

豊かさのディテイル

トニー・ガルニエ

Tony Garnier　1869-1948

ガルニエというごつごつした名前や、もはや瓶と蓋みたいに彼と一体となっている代表作「工業都市」というタイトルのぶっきらぼうな印象から、長いあいだその作品を見たいとも思わず、すっかり確認を怠っていた。教科書にも図版は載っていなかったし、先生が何かの話のついでに引き合いに出すこともなかった。

その後しばらくしてふとした拍子にそのドローイングを目の当たりにしたとき、目を奪われた。淡い紺色の濃淡で描かれたその美しい都市は、工場とはいいながらむしろ静謐《せいひつ》な神殿や壮麗な城塞のように見えた。ぱりっと糊《のり》の利いたシャツを着こなした姿勢のいい給仕たちが、バレエダンサーのように立ち振る舞いながら、たくさんのスイッチやレバーを操作している様子が目に浮かんだ。こんにちははじめまして、お名前は以前から伺っていたんですが。

「工業都市」1901 年頃

数多《あまた》の夢想家たちの思わせぶりで舌足らずな妄言と違って、「工業都市」は五〇〇頁の論考と一六四枚の図版からなる肉厚のガイドブックだ。その街は豊かな自然に優しく見守られ、象徴的存在感をもつ工場群をとり巻くように、小高い丘の上の瀟洒《しょうしゃ》な市街地とそれに隣接する保健衛生地区が配置される。そしてたおやかに流れる河や物流を担う鉄道がそれらの合間を縫う。さらに細かく見ると旧市街や公園、下水処理場や墓地まであり、実在する街をくまなく調査した記録文書のようですらある。

　人口の大部分を綿織物労働者が占めていた一九世紀末のリヨンで生まれ育ったトニー・ガルニエは、若くしてエミール・ゾラに没頭し、己の社会的あるいは政治的態度を卓越した画力によって表現する術《すべ》を、野生動物のごとく本能的に心得ていた。しかしながらその特徴的な風貌《ふうぼう》（顔と同じくらいの顎髭《あごひげ》に覆われた運動音痴の小男）と、興味のないことには見向きもしないばかりか、あからさまに敵意を表明する皮肉たっぷりの性格が災い

アカデミーの譴責を受けるガルニエ（右）

し、発表当時はほとんど見向きもされなかったという。

それでも彼がゴッホやモディリアーニみたいな不遇な晩年をすごさずにすんだのは、巨匠ル・コルビュジエがその計画の斬新さ、普遍性を正当に評価し、敬意を惜しまなかったから。コルビュジエは「工業都市」がもつ明確な機能分離、（当時最新の材料である）鉄筋コンクリートならではの自由な造形などに賛辞を送り、これらのアイデアは後のアテネ憲章に大きな影響を与えたといわれている。

でもたぶん、ぼくが強烈に惹かれた魅力はそういった理念の骨子ではなく、彼が描いた世界のディテイルに、当時にしか思い描けなかったであろう、瑞々《みずみず》しい生活への詩情を感じたからだと思う。建築形態の根拠という点では、一九世紀末の工業化はそれまでの宗教や政治の代役としてむかえられ、当然のようにそれ自体が神格化された。そしてT型フォードの（いとも退屈な）工場のベルトコンベアが動き出すまでのほんの短いあいだ、工場というモチーフは古典主義的なプロポーションと未来主義的なプロポジション（提案）という父母のもとで、奇跡的といってもいいほど美しく描かれえた。ガルニエの描いた街は建築やゾーニングといった手法が見事だったことはもちろんのこと、「工業」をはるかに超えてそこで行われる暮らしや楽しみ、人付き合いや政《まつりごと》の様子まで、まるで実在しているかのように見るものに想像させる。見たことのない美しい街で営まれる、よく知っている生きる豊かさのディテイル。

　プロレタリア小説の巨人ゾラの代表作「居酒屋」の主人公の娘ナナは美しく健気《けなげ》で働きものだったが、病的な下層社会の澱《おり》にまみれながら心身がゆっくりと蝕《むしば》まれ、極貧と衰弱のなか、孤独のうちに破滅へと引きこまれていく。ガルニエは工業都市なら抑圧された下級労働者を救えると思ったに違いない。その街ではあるべきものがあるべき場所に正しく保たれ、クリーンで安全でみな等しく裕福だった。そして戦争や犯罪はなく、生活それ自体が幸福と悦びに満ちていた。

「工業都市」には思いつくありとあらゆる施設が描かれているが、兵舎や警察、酒場や盛り場などはまったく見当たらない。まるでナナが安心して生きてゆけるようにつくられた世界みたいだ。

ル・コルビュジエ

コルビュジエの凄《すご》さは、建築も、言葉も、絵も、どれもが不完全で、矛盾をはらんでいることだと思う。いや、正確にいうとそれらを行き違いと感じさせない自由さだ。だからこそ、それを見る人が自在に解釈し、自分なりのコルビュジエ像をつくることができる。

でもそれは便利であると同時に、手を抜くと危険なことだ。20世紀の建築史はコルビュジエや、彼が提唱した近代性というものとの関係においてのみ評価されてしまうような傾向があって、教科書的な建築史というのはまさにそういった点で分かりやすく還元されすぎているように思う。彼との相対性だけでは語りきれない世界観、回収されない純粋さや複雑さを含む建築や建築家にこそ、新しいヒントを感じてしまったりする。名建築や大事件のあいだの何でもない時間にこそ、歴史を動かすきっかけがあるようにも思う。本書でとりあげた建築家たちもその一端である、とあとになって気づいた。

世界の成り立ちを描く仕事

ヘルマン・フィンステルリン

Hermann Finsterlin　1887-1973

建築に限らず、二〇世紀前半のヨーロッパには「―の会」みたいな芸術家グループが数多くあって、そういうのを聞くと秘密結社とか地下組織みたいでぞくぞくする。学者があとから整理のためにつけた「―主義」とか「―派」とかと違って、もっと乱暴で「俺たちやってることはばらばらだけど、この際、力を合わせて世のなか驚かせようぜ」的な鼻息の荒い感じが危なっかしくてシビれる。ぼくはたぶんやらないけど。

「ガラスの鎖」の主要メンバーだったヘルマン・フィンステルリンはミュンヘン大学で医学、物理学、科学、哲学を学んだ後、ミュンヘン芸術アカデミーで絵画を学んだ。「ガラスの鎖」以外にも、「青騎士」や「ブリュッケ」などのメンバーもかけもちしていたらしいから、人望の厚い、博識な人だったんだろう。当時のドイツといえば、第一次世界大戦後の経済破綻《はたん》や合理主義への嫌気、ファシズムの暗躍などが複雑に交錯したただ中にあ

「インテリアデザイン」1920年頃

り、芸術に関してもやがて登場するフランスのヌーヴォー・レアリスモ、ロシア構成主義、オランダのデ・ステイルなど多様な実験運動の苗床だった。

独特の経歴がもたらす彼の曲線は、流体力学を用いた流線型でもなければ、植物を模したアール・ヌーヴォーでもない。強いていうなら貝類か、もしくは臓器を思い出させる曲線である。そしてそれは彼の作品を特徴づけ、人は一度彼の絵を見ると忘れられない。

こういう灰汁《あく》の強い建築家は当時のドイツやロシアにはうじゃうじゃいた。彼らの大部分は生涯で一軒の小屋すら建ててないのに、作品を通して世に問いかけ、ヨーロッパ中に影響を与えていたことを思うと、いまよりよっぽど真っ当な世界じゃないかと思う。また同時に、ぼくたちが彼のドローイングを見て感じる感覚と、当時の人びとが同じものを見て感じる感覚が、想像以上に違うんじゃないかという考えに突き当たる。

「工業文明化」というのは、市井の人びとには想像を絶するショッキングな変革だったんだろう。慣れ親しんだ食べ物も、乗り物も、建物も衣服も仕事もすべてが規格品に変わっていく感覚は、まるで宇宙人が侵略してきたように彼らの生活や人生を覆したはずだ。たくさんのいいことがあるとともに、いいようのない不安や恐怖もあったに違いない。「物質主義による個の疎外」とか、「機械による人間性の破壊」と言葉にするのは簡単だけど、もうわけの分からない不安、何が不安かすら分からない不安というのが正直なところだろう。そういうショック状態においては、フィンステルリンの不思議な世界も、意外と現実的に受け止められていたのではないか。そして建築家という職能も、図面を描く技術者というよりも、新しい世界の成り立ちを描くことがもっともっと認められていたに違いない。

彼は「建築は人間的要素の自然発生学的現象であり、胎児を超えたところに建つ」という、ちょっと分かりづらい表現をしているけど、つまりそれは工業的な幾何学を超えた形態ということだけでなく、出来合いの既製品を買うのではなくて、まるで赤ん坊が成長していくように、あるいは生物が進化していくように、建築も刻々と変態していくようなイメージがあったようだ。伊東裕氏の分析によると、初期のころの作品は、絵と寸分違わない模型があったり階段やバルコニーが描かれていて、「建つ」ことを前提として構想されたものもあった。しかし皮肉なことに当時の工業技術では彼の構想は実現できなかったため、晩年の作品はスケール感や立体感を失い、より幻想的に絵画的に傾倒していったという。そしてそれと引き替えに、彼の建築理念はより研ぎすまされて、ブルーノ・タウトやハンス・シャロウンなどの実作建築家に大きな影響を与えた。

そうやって歴史を紡いでいく感じも、秘密結社のぐっとくる所以《ゆえん》だ。

平和のアイコン

エーリッヒ・メンデルゾーン

Erich Mendelsohn　1887-1953

第一次世界大戦の東部戦線に立たされたエーリッヒ・メンデルゾーンは、イギリス軍が発明したらしいまだ見ぬ鉄の塊「戦車」の影に怯《おび》え、体をかすめる機関銃の雨に震えながら、頭の片すみではいつも見たことのない新しい建築のイメージを追い求めていた。ポケットに忍ばせた切手ほどのサイズの紙切れに、何か思いつくたびにそれを書き留め、生きて兵舎に戻ると実家へ送る手紙にそれをこっそり忍ばせた。幸運にも終戦を待たずして故郷に帰ることになったメンデルゾーンの頭のなかは、実現されることを心待ちにしている断片的なスケッチたちでいっぱいだった。

若くして多くの実作に恵まれた同世代のミースやグロピウスと異なり、メンデルゾーンは三〇歳で代表作「アインシュタイン塔」を完成させるまでほとんど実作を手がけず、かわりに「革命的芸術家連盟」の創設に奔走したり、ベルリンの建築家グループ「デア・リンク」の中心になったりと、

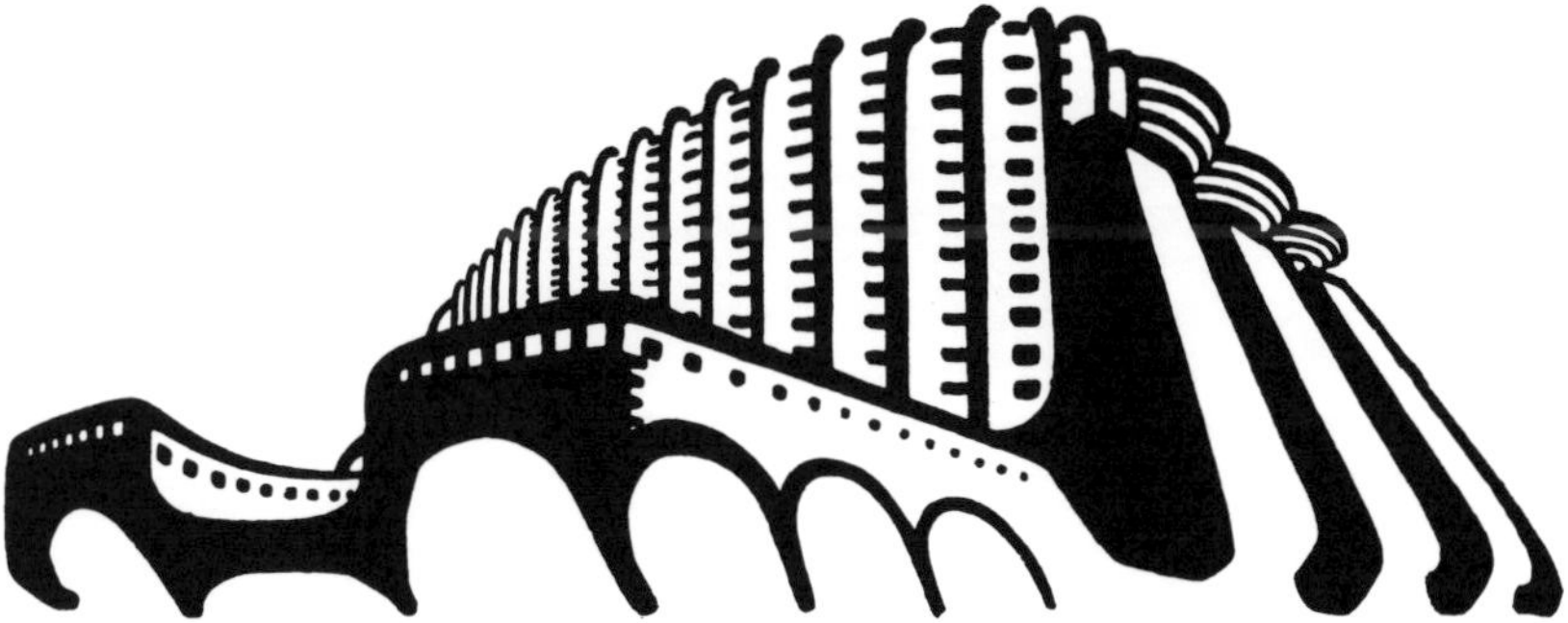

「映画スタジオ」1918 年

どちらかというと社会的な活動が中心だった。人を惹きつけるユーモアに富んだ明るい性格とそこからもたらされる卓越した社交性、造形にまつわる特殊な才能は、作品がなくとも人びとの注目を浴びるには十分であった。混乱と荒廃のドイツ国内に戻った彼は、戦場から送った自分への手紙をふたたび見直した。それらはみな本人しか分からないようななぐり書きだったし、紙の小ささと切迫した状況ゆえ、単純で最低限の線しか描くことができなかったけれど、それでも見たことのない建築のある種の原型のようなものを感じるには十分だったし、むしろ余分なものが排除されたシンプルな曲線は、表面的なデザインではなく、建築自体の存在感をより的確に伝えているようにも思えた。

同年代の建築家たちから遅れてデビューすることになったメンデルゾーンにとって、偶然生まれたこの特徴的なスケッチはメディアに向けて大きな武器になるとすぐに気づいた。なぜならタウト兄弟やサンテリア、ペルツィヒたちが描く絵はまるで気難しい画家のように大げさで神秘的で、いつも何やら秘技めいたところがあったから、むしろそれとは対照的であればあるほどよいと思ったのだ。

その後さらに単純化され、もはや陰影の二階調のみとなったイメージはまるでロゴマークかスタンプのようだけど、それはまさに彼が目指したことだった。建築は荘重《そうちょう》なものではなく、階梯構造《ヒエラルキー》もなく、誰もが公平に扱えるものであるべきだ。それを象徴するために水平性を強調したデザインに徹し、広告や看板――いつも建築家たちに嫌われているもの――さえも好んでデザインにとりこんだ。そのアイコニックなイメージは大衆に強烈な印象を焼きつけ、事務所はたちまち四〇人を超える大所帯となった。

社会への鋭い目線をもちつつも大衆的であり、独創的でありながらも複製可能な予感をさせたり、機械のような形態をもちながら植物のようにまったく自由であったり、都市的でありながら敷地とはまったく無関係であったり。相反する態度を絶妙に統合できたのはメンデルゾーンのなせる業だ。ほかのどの建築家もそのあいだを揺れ動き、憑《つ》かれ、疲れきっていたのに、メンデルゾーンは親しみやすいスローガンとともに、これらをいともたやすくひとくくりにパッケージした。

しかしながらそういった成功も長くは続かない。多くの実作に恵まれる前に欧州はふたたび戦乱の空気を帯び、ユダヤ系という理由で祖国を追われ、アインシュタイン塔は砲弾によって粉々に破壊された（その後再建される）。イギリス、アメリカを転々としたメンデルゾーンは各地で設計事務所を開いたが、戦場で生まれたアイコンほど強烈な作品はとうとう生み出すことができなかった。

鏡のむこう

ジョン・ソーン
John Soane 1753-1837

多くのユートピア思想家たちが社会あるいは自らの貧困や困窮を思いわずらい、振りかかる多事多難を創造への手がかりとしたけれど、ジョン・ソーンはそんなこととはまったく無縁だった。そして恵まれた人間特有の、（痛々しさを伴わない）病的な求道精神は彼のかけがえのない魅力だ。

若くしてイングランド銀行の設計者となったソーンは、その後連鎖的に連なる裕福なパトロンのおかげで仕事に困ることはなく、卿《サー》の称号を受けて人生を終えるのだから、なんて満ち足りた人生なんだろうと思う。でも彼のドローイングを見ると嫉妬《しっと》するのが馬鹿馬鹿しくなるくらい浮世離れして美しく楽しくて、そういう意味では彼は自らの境遇と才能をしっかり世界に還元した人だと思う。そして——なんともソーンらしいことに——正確にはこれらは彼が描いたものですらない。

現在見ることができるほとんどの「ソーンのドローイング」は正確には

「邸宅」（J・M・ガンディ作）一八一三年　By courtesy of the Trustees of Sir John Soane's Museum

ソーンの建築をさまざまな人が描いた、ということを意味していて、ソーン自身もまた、自ら設計した空間をほかの画家が描き、それを見ることによって自分が気づかなかった新しい発想やモチーフを引き出すことを好んでいた。ぼくが好きなのはJ・M・ガンディによるドローイング。リチャードソンやベイリーもいいのだけど彼らの描写はどことなく説明的で、建物の軸に沿って（いかにも英国的な）視点を据えているのに比べ、ガンディの絵はうす暗闇やその奥の明るい場所がのべつまくなくつながっていて、その迷宮を迷いめぐる人間の視点で描かれていてわくわくする。床や壁の質感を思い起こさせ、話し声や足音がいまにも聞こえてきそう。

　ソーン自身もまた、ガンディの絵は気に入っていたようで、対照的に多難な人生を歩んできたガンディの死や地下墓地《カタコンベ》といったものへの興味は、いままでソーンがもち合わせていなかった嗜好《しこう》であり、さらなる創作欲をかき立てていった。そしてドローイングと建築はもはや分かちがたい意味をもち、互いを映し合う一対の鏡のようになった。

　現在でも異形《いぎょう》の観光名所として知られるジョン・ソーン卿博物館は、生前自身がすごした家でもある。決して広くはない空間の床や壁や天井が、彼が世界中から集めた遺跡や彫刻、絵画などで埋め尽くされている非日常的な空間だが、外から見るとごく普通のアパートメントで、知らずに歩いていると間違いなく通りすぎる。ガンディは時空を超えたその空間のもつ異様さと美しさに感応し、彼しか描けない絵を描き、それを見たソーンはさらに多くのコレクションを集め、わずかに残っているインテリアの余白をせっせと埋めていった。そして二人はある日気づく。「俺たちがつくっているのは墓以外の何ものでもない」。

地位と富をえたもの特有の閉塞《へいそく》する内向性は、より高い塀を築き、やがて特定の人間としか接しないようになるが、ソーンはどんなに多くの遺愛品で自らの棺《ひつぎ》を埋めようとも、そこには常に開かれた明るさ、充満する柔らかい光があった。ソーンという人間のなかに、私的な審美眼を押しつけがましくなく人びとに訴える天性の愛嬌《あいきょう》と、俗世を離れた孤高の精神が追い求める果てなき狂気が共存していた。そして何より、彼は自分の墓が掘り起こされることすら楽しみにするような、粋《いき》な英国紳士だった。

幾分たりともこの状態から動かしてはいけないという遺言を残し、遺愛品で埋め尽くされた棺のような自宅は死後、博物館として一般開放された。そこには当然ガンディの絵も掛けられているが、その絵は美しい棺のなかで見るとまさに室内を映し出す鏡のよう。鏡のむこう側ではソーンがいまだにせっせと世界中から宝物を集めている。

ぼかしのリアリスム

ヒュー・フェリス
Hugh Ferriss 1889-1962

はじめてニューヨークに行ったとき、ビルの感じとかスーツの人が足早に歩いている感じとか、あまりに東京と似ていたので外国に来た感じがしなかった。ところがある朝早くに目が覚めて、何気なくアパートメントの窓から街を見下ろした瞬間、ぼくはあの「ニューヨーク」にいることを強烈に理解した。面食らった。

朝日が逆光で街に差しこみ、シルエットだけとなったビルたちは屋上の室外機から出る湯気によってもやもやと部分的に包まれている。意志をもった巨大な生物がいままさに起きあがらんとはあはあと息をしているよう。シナトラやスティングが歌ったニューヨーク、スコセッシやウッディ・アレンが撮ったニューヨーク、そしてヒュー・フェリスが描いたニューヨーク。ああ、ぼくはそこにいる、と納得した。

フェリスが自らの事務所をスタートした一九二〇年代初頭、アメリカは

「大都市の誘惑」1925 年

第一次世界大戦の戦勝国として未曾有の好景気をむかえていた。ニューヨークでは続々と建ちはじめる摩天楼の足もとをT型フォードが駆けめぐり、ラジオではサッチモやジョセフィン・ベーカーのジャズがビートを刻み、現代娘《フラッパー》たちはコルセットを外して膝丈《ひざたけ》ドレスを身にまとってダンスホールで踊り狂った。そしてフィッツジェラルドは彼らのライフスタイルを軽妙に洒落っ気たっぷりに物語に綴《つづ》った。大量生産、大量消費がもたらす新しいトレンドの波。まさにローリング・トゥウェンティーズ！

そんななか、フェリスは失意のただ中にいた。なぜなら急激な技術進歩によってまったく新しい高層ビル建築が可能になったのに、建築家のほとんど唯一の腕の見せどころとなった表皮のデザインが、古代ローマやアテネからの浅はかな盗用によって延々とくりかえされていたから。こどものころ誕生日プレゼントにもらったパルテノンの絵を見つめ、いつか自分もこれくらい明白で誠実な建築を建てたい、と夢見た少年にとって、それは失望以外の何ものでもなかった。

自分が生きる時代の建築デザインに絶望したフェリスは、そんなものにかかわるならいっそ別の仕事を、と設計の仕事と決別し、レンダラーという職業を選ぶ。これはいまでいう「パース屋さん」で、設計がまだ最後まで終わっていない段階で、その建物のイメージをクライアントに伝えるための絵を描く建築絵師である。次々にやってくる建築家たちの要望を聞き、それを一枚の絵に仕上げていく毎日。彼は自分を捨て去り、自動機械のように来る日も来る日も描き続けた。まるで自分に罰を与えているように。

ところがそんな日々を続けるうちに、フェリスはある事実に気づくことになる。建築家たちは相変わらず場違いな古典建築のデザインを好んでいたが、彼に仕事を依頼する段階では実際に細かい意匠はまだ決まっておらず、かといって特定のスタイルを感じさせる絵を描いてしまうとクライアントの機嫌を損ねる恐れもあるのでそうもいかない。となると外観のデザインはむしろなんとなくぼやかしておいて、かわりにその規模やイメージ、存在感のみを伝えたほうが有用だった。どっちに転んでも大丈夫なように。

フェリスにとって、それは当然ながら望ましいことだった。意味のない化粧メイクを施すくらいだったら、すっぴんでいいから、そのかわり力強い、新しい街の息吹を描きたかった。そして彼は木炭で描く手法に行き着く。木炭は筆圧によって無限のグラデーションを生み、立体的なシルエットを浮かびあがらせるとともに、都合の悪い部分を自在にぼかすことも可能だった。そして幸運なことに木炭は表面的な細かいディテイルを表現するのは不得手で、そういう絵が必要な建築家は彼から自然と離れていった。

この道具を選択することによって、フェリスは自分の意志によって張りぼての表皮のデザインから決別することができたのだった。

一九二九年一〇月二四日の「暗黒の木曜日」に、アメリカのかくも短き享楽の日々は唐突に終演する。投資家はパニックに陥り、まるで疫病のように自殺者が連なって、ウォール街では警官四〇〇人が事態の鎮圧に追われた。終わってみればわずか一〇年のつかのまの宴だった。そしてこの年、フェリスはそれまでの仕事を集大成した名著『明日のメトロポリス』を出版する。ほかの建築家の依頼に応じて描いた木炭画の数々がまとめられたが、通して見るとそこには紛れもなくフェリスしか描けないひとつの世界が存在し、それはすでに実在するビル群であると同時に、まったく新しい見たことのない未来の街でもあった。フェリスが描く白亜のボリュウムは、時とともに次第に単純化され、最終的にはゾーニング法、つまり斜線規制によって自動的に導かれた氷山の塊のような表現へと還元されていった。ところがそれは同時に、建物が眠りから覚めて自分の意志で空を突き破ろうと立ちあがる、誰もが感じつつも描けなかったマンハッタンのリアルな闇の濃さを掬《すく》いとっていた。

大恐慌によって建築工事が滞るなか、『明日のメトロポリス』はこれ以上ないくらいのタイミングで人びとの心をとらえた。建築家たちは実作をつくれないかわりに、フェリスの絵と言葉を追い、摩天楼はイミテーションのガウンを脱ぎ捨て、ヨーロッパから輸入されたアール・デコという新しい様式を、まさに新しい骨格として採用しようとしていた。そして時代はもはやフェリスの才能を認めないわけにはいかなくなっていた。

フェリスの描くドローイングも、単独のビルを描く下請け仕事から、むしろ街全体の雰囲気を描くような作風に変化していき、個々の建物の輪郭はますますぼやけていったが、それに比例するように、街の息吹や抑えきれない躍動はよりはっきりと感じられるようになった。そしてやがてフェリスは建物と対峙する人間のシルエットを描くようになる。

光り輝くメトロポリスを前に、力強く立ちあがる筋肉質の男。もはやコントロール不能となったニューヨークの自己増殖システムに対して、それに抗《あらが》おうとする強い意志をもった生身の肉体。それはフェリスが輪郭をぼかさない唯一のモチーフであり、同時にいつも鋭利に都市を見つめる彼自身でもあった。

押し通すこども

フンデルトヴァッサー
Hundertwasser　1928-2000

たとえば美容院でこちらが建築の仕事をしていることが分かったとき、若い美容師さんが「あ、そうそう、あれいいですよねえ」と話題にする建築家は、かなりの確率でフンデルトヴァッサーだ。あるいはアンテナの利いたデザイナーなんかが集まるカフェをはじめたいとき、棚に置いておくべき建築作品集はフンデルトヴァッサーだ。

オーストリア生まれのヴァッサーは、二〇〇〇年に他界するまでのあいだ、世界中にうねうねと幻想的な建物を設計し、世代を超えてファンも多い。業界以外でより受けがいいのは、よく引き合いに出されるガウディと同じだが、建物が緑や樹木に覆われていたり、社会・環境的な声明やパフォーマンスを行ったこと、オーストリアという建築的にはやや辺境で活躍したことなどが、鼻の利く愛好家に好まれる理由かもしれない。

正確にいうと彼は芸術家もしくは思想家であって建築家ではない（本名

「摩天楼と村の教会」一九五一年

Hundertwasser, 125 SKYSCRAPER AND VILLAGE CHURCH, Watercolour, 1951 © Hundertwasser Archive, Vienna

とは別に「百の水《フンデルトヴァッサー》」という作家名をつけるところもアーティスト的）。実作はほとんどが建築家ペーター・ペリカンとの共働で、実際はペリカンに言葉や模型で指示をし、構造や設備など専門的なものはほとんど任せきりだった。それでも彼の名が常に冠となっているのは、そこに強烈な思想と造形が刻印されているからにほかならない。

　彼の絵は彼の建築ときわめて同質だ。いや、まるで絵を描くように手軽に建築もつくるべきだと考えていたからむしろそれは当然かもしれない。そして、その絵と建築のシームレスな関係こそが人びとが驚き、愛される理由だ。へえ、こんなの建っちゃうの！

　装飾の悪を唱えたアドルフ・ロース（一八七〇年生まれ）と同じオーストリア出身のヴァッサーが生まれた一九二八年は、グロピウスがバウハウスの校長を務めた最後の年である。ヒトラーがすべてのドイツ国民に快適な住居とフォルクスワーゲンを！　と宣言し、ドイツ・オーストリア圏は建築が猛烈に工業化・分業化されていく真っただ中にあった。そんななか、ヴァッサーは絵画や彫刻は誰でも自由につくることができるのに、建築にはこのあらゆる芸術の基本的自由がないことに怒り、「無節操な顧客の臆病な操り人形になっている」建築家を真っ向から批判した。

　無節操な顧客。それはヴァッサーの考える大人たちだ。大人たちはきれいで居心地のいい（そして白く味気ない）自分の家をつくりさえすれば、ほかのことには目もくれない。金持ちほど高い塀をめぐらせて街に背を向けて安全な城を築く。家の外は清潔で安全で便利だったらもうそれでいい。

でもそれじゃあ魅力的な街はつくれない。ヴァッサーは叫ぶ。こどものころを思い出してごらん、街のあらゆる場所が遊び場で、秘密基地だったころを。建築はむしろ外にどんな魅力的な表情を広げているか、それが大事なんだよ。人の家だろうとなんだろうと、それはみんなの街であり、公園なのだ。

ヴァッサーのすごさは、制度なんかお構いなしに、家、道、丘、すべてを自分の意志で構成してしまう強引さだ。そのワイルドな力強さはこどもの資質であり、芸術家が長年かけてやっと手に入れる叡智《えいち》だ。マティスの切り絵やピカソの素描と同じように、一瞬にして世界をすみずみまで構築してしまう暴力的ともいえる芸術行為。

ヴァッサーの絵や建築を見ると、いつのまにか両手にたくさんのものを抱えて年をとってしまった自分に気づいて反省する。そして同業者からやや距離を置かれる理由もここにある。あまりに鮮烈で強烈すぎるのだ。

亡霊の街

ロブ・クリエ／レオン・クリエ

Rob Krier　1938- / Léon Krier　1946-

建築のドローイングを占める重要な要素として人の描きかたがある。空間のスケール感を伝える尺度になるのはもちろんのこと、そこでどんなことが行われるのか、人はどんな体験をするのか、そういったことを直感的に伝えるには、いきいきとした人間を描くのがいい。そういった意味で、ぼくはクリエ兄弟が描く楚々《そそ》とした人びとにいつも見とれてしまう。

兄弟といっても一緒に活動していたわけではないし、物事に地道にこつこつとり組んでいくタイプの兄ロブに対し、弟のレオンはどちらかというと大胆かつ愛嬌《あいきょう》のある芸術家肌の建築家だ。けれども不思議なことに彼らのドローイングに登場する人びとは、みな一様に人間味にあふれ、その場にいさせられている、という感じがまったくないという点で際立っている。絵のタッチは全然違うのに。

ロブ・クリエは一七世紀以降のヨーロッパのあらゆる広場や街路を分析

「レンヴェーク地区再生計画」1977 年／ロブ・クリエ

ロンドンの集合住宅「ロイヤル・ミント・スクエア」1974年／レオン・クリエ

し、二〇世紀の都市空間を危機的状況に追いこんだ二つの要因を指摘した。それは馬車にかわって登場した自動車と、それによってもたらされた都市機能の明確な分割。排気ガスをまき散らしながら猛スピードで走り抜ける自動車は大通りのロマンチックなカフェテラスを煤《すす》だらけにし、一九三三年のアテネ憲章が目指した、居住地区、娯楽地区、労働地区などの機能分担は、決められた場所で決められた行動を強制され、街から予期せぬ出会いや楽しみを奪い去ってしまった。そういった状況に対し数少ない成功例を細かく精査し、都市空間――都市内にある建物同士のあいだの空間――を魅力的にする空間配列やプロポーション、成長過程などについて仮説を立て、ひとりひとりが自由で主体的な主人公であるような、祝祭的な街を目指すべきと訴えた。

一方、レオン・クリエはというと、古典的なデザイン要素を用いながら、どこかプロポーションがずれているような不思議な建築と、何食わぬ顔でそこにたたずむ人々を、絵本の挿絵のように繊細に美しく描いた。兄同様、崩れゆく公共空間としての都市に警告を発し、歴史的モニュメントを評価しながらも新しい異物を挿入することにより、どこか懐かしくありながら、見たことのない街のイメージを描き続けた。

兄弟の描く街はいつも人にあふれ、通りすぎるというよりも、立ち話をし、絵を描き、ワインを飲みながら読書するような、親密で居心地のいい場所だ。建物も街並みもどこかへんてこだけれど、そこにいる人びとはまったくそんな風に思っていないばかりか、もうずっとむかしからそこにいるように見える。人が街を創造的に使い倒している。かくあらまほしきことなり。

そうか、彼らはきっとみな亡霊なのだ。年をとらず、貧困も病気もなく、気のおけない仲間たちと自由にすごす愛しいゴーストタウン。その街自体が幻であることも、自分たちがすでに死んでいることすらも気づかない。だからこんなにもすべてが完璧に保たれているのだ。レオンがくりかえし描いた三角屋根のひょろ長い四角柱の建物がなんだか墓標に見えてきた。

「マッシモ・スコラーリのための家」
レオン・クリエ

近代性

機能による分割というのは、まさに近代性（モデルニテ）が得意とすることだった。もともとまだらで多様だった空間や時間に単位を与え、誰もが同じように扱えるよう細かく切り刻んで、計算可能、交換可能なものにしていくと、見知らぬ土地を征服することも、単位時間当たりの生産量を増やしていくことも、ぐんと簡単になった。すべてのものは数に置き換えられ、そこからあふれ出たもののうち、ごく一部の幸運なものは芸術と呼ばれ、残りの大部分は人知れず捨てられて、忘れ去られた。

いまぼくたちの時代がやるべきことは、100年かけてはさみで細かく切り刻まれたピースを、いかに重ねて、張り合わせて、縫い合わせて、思いもしなかった美しいパッチワークをつくっていくかだと思う。建築が資本の奴隷とならずに、文化を担っていくためにはどうしてもそれが必要だ。

等身大の都市計画

ヨナ・フリードマン
Yona Friedman　1923-

晩年のヨナ・フリードマンの写真を見るとどの写真も愛らしくて、愛犬バルキスを従えてにこやかにたたずむ様子や、孫娘ジュリエットと茶目っ気たっぷりにカメラを見つめる姿を見ると、あの「空中都市」を描き続けた張本人とはとうてい思えない（『バック・トゥ・ザ・フューチャー』のドクそっくり！）。けれども国連難民キャンプにまつわるさまざまな社会活動や、夫人とともに制作したアフリカ民話を題材にしたアニメーションを見ると、型にはまらない特別な建築家であることだけはすぐに分かる。

世界中の街の上空に、こどものなぐり書きのようなタッチで巨大な架構をコラージュした一連のドローイングは、一九五〇年代後半に発表されるや瞬くまに世界中に広まった。シチュアシオニストやアーキグラムといった前衛《アバンギャルド》に多大なインスピレーションを与えただけでなく、プレファブ材を用いたフレキシブルに自己増殖するシステムは職人ジャン・プルーヴェの

「ベルリン」2004 年

目に留まり、彼に請われてパリに移住するほどだったというから、各方面からまったく別の意味で注目を浴びたことになる。ところがさまざまに解釈され、翻訳、誤訳されていくうちに、それはいつのまにか要約されすぎて建築造形の一パタンとして骨抜きにされてしまった。でも改めて彼のドローイングを見直すと、むしろ形式化された近代建築こそが批判の対象であったことが分かる。

近代性《モデルニテ》は建築を権力や宗教からとり戻し、豊かな市民生活を約束するものとしてむかえられたが、実際建築家に設計を依頼できるのはごく一部の富裕層にすぎなかったし、それとて施主の要望にはこれぽっちも耳を貸さない旦那芸《だんなげい》の建築家だったから、ラディカリストたちはその欺瞞《ぎまん》と矛盾を（蟻《あり》が象に噛《か》みつくように）攻撃した。そしてフリードマンは建築が高度に専門化したブラックボックスから生まれるのではなく、もっと単純に、誰もが自由に楽しくつくれるべきであるということを伝えるために、あえて稚拙に、まるで歌いながら即興で描いた絵のようなタッチを選んだ。う

孫娘とともに

わべのスタイルを押しつける傲慢《ごうまん》な建築家に頼むぐらいだったら、むしろ素人でも自分たちでつくったほうがいい、と伝えるために。

精妙なドローイングのもつ威厳や神々しさとは対照的に、明るくてカジュアルなイメージはむしろ建築のしくみを大衆が理解できるものへと解きほぐし、モダニズムという密室に一筋の光をそそいだ。そういう意味ではデザイナーというよりもエンジニアであり、エンジニアというよりもむしろ都市に生きることを勇気づけるガイド役のようであった。

イームズ夫妻もスミッソン夫妻もフリードマン夫妻も、ラディカルな夫婦たちは共通するある資質を含んでいて、それは都市や国家、人類社会という巨大な対象と、身のまわりのささやかな楽しみや生活習慣というものが地続きになっているということだ。まるでテーブルクロスを選ぶように都市を構想し、お気に入りのお皿を置くように建築を構想する。そしてそれは誰でもできる、する権利がある日常的な悦びなのだ。

それともうひとつ。彼らはそろって夫婦仲がいい。ミースやライトの女性遍歴が華やかすぎるのとは対照的に、彼らから漂う可愛らしい家庭生活への愛は、街とそこに住む人々のハートを温める。

甘えていい場所

スタンリー・タイガーマン

Stanley Tigerman 1930-

建築家が描いた絵本というのは、ぼくの知る限り二冊しかない。ひとつはバックミンスター・フラーの『テトラスクロール――少女ゴールディと3匹の熊たち』で、もうひとつはスタンリー・タイガーマン＋マーガレット・マッカリィの『ドロシー・イン・ドリームランド』。

前者は邦訳もされ知名度も高いが、内容も教育的でどことなく学術書のような雰囲気を残しているのに対し、後者はその筋書の奔放さ、奇想天外さがきわめて真っ当に絵本的だ。内容はおてんばなドロシー（二人の愛娘《まなむすめ》からとった名前）が夢のなかで、さまざまな有名童話の世界に入りこみ、問題を手際よく解決していくというストーリィ。お菓子の家のヘンゼルとグレーテルに襲いかかる魔女に大嫌いな水を浴びせ、赤ずきんちゃんのオオカミを森のレンジャー隊員に引き渡し、三匹のくまと少女の仲をとりもち、こぶたの三兄弟ブー・フー・ウーが建てる三つの家には頑丈な構造補

絵本『ドロシー・イン・ドリームランド』より 1991年

強を施すというオチまで！

タイガーマンはいわずと知れたアメリカ建築界の巨匠で、ポストモダニズム建築のエリートとして実作も多く、教育のキャリアも輝かしい。にもかかわらず（困ったことに）ぼくは彼のたった一枚のポートレート——大好きなマッカリィの胸に縫いぐるみのように抱きしめられて、幸せそうにカメラにほほえむ有名な写真——を見て以来、甘えん坊の少年にしか見えない。だからそんな彼が絵本を描いても違和感なんてない。

ポストモダンのデザインの最大の功績は、甘える豊かさを伝えたことだと思う。いろんなお菓子を一度に食べてみたい、おもちゃを箱からぜんぶとり出してから遊びたい、というように。大人たちが馬鹿らしい、意味がない、効率が悪い、と顔をしかめるようなことを、茶目っ気たっぷりにやってみるという甘え。甘えというのはそれ自身よりも、それが受け入れられる前提があるということのほうが重要だ。そしてそれをつくることができるのは、つまり上手に甘えさせることができるのは、甘える喜びを十分知った大人。上品な甘やかしは芳醇《ほうじゅん》で豊かだ。

一九七五年にアメリカがベトナム戦争に敗れたとき、甘えに対する飢えは限界に達していたと思う。莫大な労が実を結ばなかったとき、こどものように甘えるほかなかったのではなかろうか。そのため自身の内部に甘えるための文化システムをつくる必要があり、それはひとりひとりの心に潜在する願望と必然的に一致した。そして建築界も甘い甘いポストモダニズムに一〇年はどっぷり浸かった。

無責任な甘えは人を傷つけるけれど、囲われた世界での甘えは本当に楽しい。タイガーマンにとってそれは、大好きな妻と娘であり、あるいは絵本のなかであり、そして彼の建築の建ちかただった。当然ながらまったく別の歴史を歩んできたヨーロッパでは彼の建築はほとんど評価されていないし、絵本だってほとんど売れなかった。でもそんなこと一切関係ない。そう思える強さの理由は、彼が甘えられる家族と世界をもっていたからだ。

1984年、ローマにて photo: Tom Schumacher

本気の冗談

ピーター・クック

Peter Cook　1936-

アーキグラムに憧《あこが》れて、その中心メンバーだったピーター・クックが校長を務めるロンドンのバートレット校に留学したのはぼくが二三歳のとき。オープニングレクチャーでは、部屋が真っ暗になったかと思うと、シュトラウスのBGMとともにピラミッドからパルテノン神殿、ゴシック建築からコルビュジエまでが次々にスライドに映し出され、ああ、きれいだなあ、と思っていたら「Fuuuck!」というシャウトとともにスポットライトがぱっとつき、壇上にピーター校長が奇術師のような格好で登場した。とんでもないところに来たもんだ、と思った。

いつも悪ノリしすぎるロン・ヘロン、車のエンジンに異様に詳しいデニス・クロンプトン、学者のようにまじめな顔で強烈なジョークを飛ばすデヴィッド・グリーン、ブラームスをこよなく愛するマイク・ウェッブとアメリカのポップアートが大好きなウォーレン・チョーク。五人の愛すべき

「野原のインスタント・シティ」1968 年

Instant City, Typical Night Time Scene, Peter Cook © Archigram 1968 Image supplied by the Archigram Archiver 2010

仲間とともにアーキグラムを立ちあげたのは一九六一年、ピーターが二五歳のころだった。パブの冗談話みたいなアイデアを膨らませて描いた「プラグ・イン・シティ」や「ウォーキング・シティ」「インスタント・シティ」といったサイケでサイバーなドローイングは、重厚で尊大な建築界のなかでまったく別種の輝きを放ち、彼らは瞬くまに世界一有名な実作のない建築家となった。ビートルズの「プリーズ・プリーズ・ミー」がはじめてヒットチャート一位となった熱狂の年の出来事だった。

ピーターはいつも六人の中心に立ち、最前線で闘い、しゃれのめし、捕まる前に逃げた。メンバーたちが話す突飛なアイデアや摩訶不思議なドローイングに意味と解釈を与え、世界にシャウトしながら仲間を鼓舞し続けた。そしてそんなピーターを慕い、いつのまにか世界中から優秀な若者が集まり、気づくと彼は希代《きだい》の教育者にもなっていた。

「野原のインスタント・シティ」は一九六八年の作品だが、そこに建築と呼べるものはほとんど存在しない。イベント施設かゴムボートのようなものがかろうじてあるだけで、あとはネオンや映像、雑多でちぐはぐな人の波である。建築家が建築を描かないこと、それ以外のすべてのものを描くこと。この二つこそがピーターが人生をかけて熱中した建築界への風刺であり、つまりは建築するという枠組み自体を疑う、彼特有の泣きたいような、笑いたいようなジョークだった。そして彼のまわりにはいつも「またなんて馬鹿なことを！」と手を叩《たた》いて喜ぶ友やパトロンがあふれていた。

数年前、久しぶりにピーターが日本に来るというのでこっそりレクチャーをのぞいた。皺《しわ》も増えてお腹もさらに出ていたけど、相変わらず目がちかちかするほどヴィヴィッドな蛍光色のシャツとぶかぶかのサスペンダーをつけ、おなじみのまん丸眼鏡を鼻にちょこんとのせていた。レクチャーの冒頭、「みなさん、携帯電話のスイッチをすべてオンにしてください。どうして？　ここにいながらにして同時にほかの世界とつながっていることこそが現代文明の刺激でしょ？」だって。相変わらずだね、ピーター！

動かない世界

アルネ・ヤコブセン

Arne Jacobsen　1902-1971

アンデルセンの童話の影響だろうか、デンマークの植物はどこかしら死を連想させる。それは暗く悲しい死ではなく、静かで安らかで、甘く温かい死。生い茂る葉茎《ようけい》とからまる蔦《つた》は生命と名のつくあらゆるものを吸収し、もとの姿をゆっくりと覆い隠していく。何人も抗《あらが》うことのできない、静かな殺人。アルネ・ヤコブセンの作品にことさら「死」を感じるのは、植物に対する彼独特の感性によるのだろう。実に絵本的なのだ。そしてそれはドローイングと実物の両方に同じように当てはまり、つまりはそれらがきわめて同質であるということにほかならない。

代表作スカンジナビア航空（SAS）ハウスは、建築的要素を極限まで隠蔽《いんぺい》し、ガラスと金属パネル、室内カーテンをあたかも縦糸と横糸のように扱い、巨大なテキスタイルのごとき壮麗な外壁面をつくりあげ、エクステリアに希有《けう》の緊迫感を生み出すことに成功した。そして家具はもちろん

「SAS ハウス」のウィンターガーデン 1959 年　Danish National Art Library, Collection of Architectural Drawings

のこと、灰皿からベッドカバーまで、空間すべてがひとりの建築家の手によってデザインされているという、信じられないほどの密度感——きわめてバロック的ですらある——は、総合芸術《グサムクンストヴァーク》という称号が与えられて無理もない。でも何より興味深いのは、そういった空間のそこかしこにちりばめられた多様な絵本的植物たち。それはファサードガラスに映りこむチボリ公園の群青《ぐんじょう》の森であったり、ロビーの巨大壁面ガラスボックスに埋めこまれた無数のプランターであったり、はたまた色とりどりの植物を彩ったオリジナルのカーテンクロスだったりするのだけれど、数々の巧妙な仕かけによってドローイングから飛び出したように戯画化された植物たちが向かうところはただひとつ、それは「死」なのだと思う。

建築だけでなくインテリアから備品まですべてをデザインすることが建築家の潜在的欲望とすれば、それがなんの変更も加えられず寸分違《たが》わず未来永劫《えいごう》使用されるのは建築家の潜在的幻想である。無論現実はそんなに甘いわけもなく、施主に引き渡された瞬間から、建築は（言葉は悪いが）使い手の臭いつけの集中砲火を浴びる。思いもしない場所に貼り紙が貼られ、理解不能なランプシェードが煌々《こうこう》と輝き、それらは趣味の悪いカーテンによって外部から隠蔽される……これを一体誰が止められよう？　いや、そもそもそれを阻もうとする意志こそが悪なのではないか？

ヤコブセンの興味は自分の描いたドローイングが寸分違わず現実のものとなり、さらに未来永劫汚されることなくそのまま冷凍保存された世界をつくりあげることだった。そして並々ならぬ情熱と手腕によって、こういった問題に対するひとつのクリアな解答を呈示した。もはやカスタマイズの寸分の余地すらないほどの超濃密なしつらえを施し、ホテルという空間リセットシステムと植物の催眠効果によって、完璧な死（つまり時間停止）の空間をつくることを試みたのだ。客室は愛と死、ベッドと棺《ひつぎ》の象徴として、時の流れから甘く葬り去られる。永遠にくりかえされる、手つかずのままの絵本的世界。

建築におけるモダニズムの出生が、公約とは裏腹にごく限定されたブルジョワのための嗜好品《しこう》であったことからも分かるように、それらは常に工芸品、いや美術品としての価値をひそかに要求されてきた。緊張感を強いる、高貴なる不可触性《アンタッチャブルネス》。それはデザイナーとパトロンの享楽的共犯行為であり、その存在自体が隠蔽されてきたといってよい。「触っちゃだめ！　こわれるから」。そういった背景のなかで、ヤコブセンの最大の業績は、デザインの「余白」の存在をその不在によって意識化させたこと。デザインコントロールされた建築のもつある種の余白は余白であると同時に決して余白ではない。住人や使用者が侵犯してはならない（と企図されている）

充塡《じゅうてん》された余白である。ＳＡＳハウスはむしろそういった偽善的余白を抹殺することで、使い手のマゾヒスティックな欲望を刺激したのだ。

　運命ともいうべきか、ヤコブセンの植物の魔力とて永遠ではなかった。ＳＡＳハウスの客室二七五部屋のうち、諸々の理由により現在も生き残っているのはたった一部屋だけである。残りは本当に絵本のなかで見るほかなくなってしまった。……いや、そうではない、その部屋だけが最初から死んでいたのであって、残りの部屋こそが改修され生きながらえたのだ、といおう。六〇六号室は枯れることのない満開の植物に包まれながら、今日もまた宿泊客を優しく絞め殺す。

Column

愛情

生きていく上でとても大切な愛とか恋とかを、学校の授業で教えてくれないのと同じように、建築教育でも建物の愛着、愛想、愛嬌といったものは教えてくれない。けれど、どんなによい建築であろうとも、持ち主や周囲から愛されていないものは、一瞬にして分かってしまうし、その逆もいわずもがなである。だから設計のときは意外なことに「愛」という言葉が結構飛び交うのだ（少なくともぼくのまわりでは）。そしてこの世に生まれてくるすべての建築はそれに直接的にかかわる人だけでなく、なるべくたくさんの人から愛されてほしいと心から願う。

維持が楽で手がかからない、というのはむしろ危ない発想で、掃除や手入れが楽しく、未来のこどもたちにもこれを残していきたい、と思えるような建築や街をみんなでつくっていかなくてはいけない。たとえどんなにクールで高級な建物であっても、存在感や刻みつける記憶のようなものは親密であってほしい。

明るい未来計画

ラルフ・ラプソン

Ralph Rapson　1914-2008

一九四五年、『アーツ・アンド・アーキテクチュア』誌の編集長ジョン・エンテンザは手はじめに九人の建築家を集めて、戦後の特需に備えた、最新技術を用いいつつも実用的な新しい住宅モデルの制作を依頼した。敷地はロサンゼルスおよびカリフォルニア近郊。「ケース・スタディ・ハウス」と呼ばれることになるこれらフォトジェニックな建築群は後に世界的に注目を浴びることになるが、その九人の建築家のなかでいちばん若かったのが弱冠三一歳の甘いマスクの青年、ラルフ・ラプソンだった。

イームズやノイトラ、サーリネンといった錚々《そうそう》たる面々のなか、ラプソンは臆することなく、むしろ誰よりも無鉄砲で風変わりなことを自信満々にいってまわりを驚かせた。ほかの建築家たちが敷地を緑豊かな郊外に選んだのに対し、ラプソンはあえて都心部の一七〇平米弱の狭い敷地を選び、決して広いとはいえないその住宅を、「グリーンベルト」と呼ばれる細長

「ケース・スタディ・ハウス No.4 “グリーンベルト・ハウス”」1945 年

い室内畑で真っ二つに分断した。

いいなあ、このおおらかさ、そして明るさ。この時代のアメリカ特有の、技術に対する健《すこ》やかな信頼と、若々しい野蛮さ。アメリカンドリームという言葉がまだないころのアメリカ人の潜在的資質ともいえる、快楽への折り目正しい渇望。疑いなく前に進むことが許されていた戦後の短くも平和な時間のなかで、ラプソンの案は突拍子もなかったが、同時にほかの誰よりもこの時代のアメリカを正当に象徴していた。

「ぼくは人を描くのが好きだから建築家になったんだ。建築自体よりもその内や外でどんな活動が行われているかのほうが大事だよ」とラプソンはいう。実際彼の絵には楽しそうな人間がたくさん出てくる。草花を植えていたり、日光浴をしながら雑誌を読んでいたり、洗濯物を干す妻にほほえみながらヘリコプターで出勤したり。戦争が終わり、そこに費やされていたすべてがこれからは市民のものとなり、まったく新しい生活がいままさにはじまろうとしている。ここに描かれた主人公はぼくやあなただ。

エンテンザはラプソンにプロジェクトナンバー「4《フォー》」を与え、大いなる期待とともに実現に向けて奔走した。デベロッパーには計画の妥当性を訴え、ラプソンにはもう少し現実的な案に軌道修正することを勧めた。けれども両者の溝はまったく埋まらず、ケース・スタディ・ハウス#4は未施工という結末をむかえた。

やがて郊外には続々と戸建て住宅が建設され、車や家電が普及していく一方、米ソ関係は徐々に緊張感を増し、赤狩りや人種差別といった社会問題も徐々に表面化した。来るはずの明るい未来が、少しずつずれていくのを感じたのはほかならぬラプソンだった。ドローイングに登場する人間はすこしずつ減り、いたとしてもそれは背広を着た「大人たち」となった。

晩年はプロジェクトにも恵まれ、教育者としても申し分のないキャリアを重ね、確固たる地位を手にしたが、頭の片すみではあの若き日の「グリーンベルト」がずっと心残りとなっていた。

そして二〇〇三年、あるプレファブメーカーが、企画の一環としてそれを復刻建設すると、（お世辞にもいい出来とはいえなかったが）ラプソンはそれを見届けて、やっと安心したようにこの世を去った。二〇世紀アメリカを駆け抜けたヤングスターはすでに九三歳になっていた。

世界の終わりかた

エットーレ・ソットサス
Ettore Sottsass　1917-2007

なんてユーモラスな絵！　ユーモラスだけど不穏で、悲しい。もうだいぶ前、大学の図書館で分厚い洋書をぱらぱらとめくっていたとき、作者の名前を見て驚いた。エットーレ・ソットサス。

ソットサスといえば一九八〇年代にデザイングループ「メンフィス」を立ちあげ、ポストモダンの旗手として建築から家具、タイプライターからティーポットまで幅広くデザインを手がけた巨匠。また同時に知的な理論家として、いまなおヨーロッパでは影響が強い（日本ではほとんどうわべに消費されてしまったけれど）。彼のドローイングといえば、まるで積み木のような色とりどりのオブジェが、建築とも家具ともつかず奇妙なバランスで置かれているものが有名で、実際それはチャーミングで、かつ実現した建築や椅子ともある程度対応しているため、見るものにとっては分かりやすい。でもぼくが勝手に「大災害遊園地」と呼んでいるこのシリーズ

「建築いかだ」一九七三年

Pianeta come Festival, "Zattere per l'ascolto di musica da camera", 1972 Ettore Sottsass

は、そのタッチもテーマも全然違う。

　世界の終わりというものは、いつも人を強く惹きつける。怖いけれど見たい。いや、でも見たくないかも。それは数多くの芸術家が長年描いてきたが、悲惨なものをただ悲惨に描いてはお里が知れる。それに対してソットサスのこの風景。いいなあ、この終わりかたは。破滅の仕方が戦争とか津波とかではなくて、もっと淡々とじっくりと進行している感じ。どんよりした曇り空で人っ子ひとりいないけど、動物や植物は何ごともなく生きているような世界。遊園地の乗り物のようなカラフルな建築があることによって、むしろ逆にひねこびた表面的でない暗さみたいなものが引き立つ。

　オーストリアの山奥、インスブルックで育ったソットサスは自身いわく「山の木や岩、花、そういうものから日々影響を受けて」いて、それらは「文化や政治という上部構造をとりはらった本当に基本となる風景」だという。ところが実際、デザイナーとしてデビューした一九四〇年代はまさに大量生産・大量消費のプラスチック文化がはじまろうとしているときだった。

　自分と世界のあいだに、たくさんの矛盾を抱えて生きなければならない、そんな時代だったのだと思う。つくることとつくらないこと。必要なものと売れるもの。残るものと消えるもの。そういった撞着《どうちゃく》を解決するために理論を探し続けたが、その理論すら消費され、新たな理論を生み出す道具にしかならなかった。そして七〇年代となって消費がさらにぐいぐいと速度を上げたとき、ソットサスは頼まれ仕事のスケッチではなく、ひとりのアーティスト、二〇世紀を生き通すひとりの人間として、この一連のドローイングを残した。

皮肉屋のソットサスのことだから、「いまあるような見せかけの刹那《せつな》の世界はいつか滅びるだろう。そしてそのとき残るのは、毎月増えていくたいそうな建造物なんかではなく、チープでこども騙《だま》しなおもちゃにすぎないのだよ、ざまあみろ」といいたかったのではないか。そしてそのあとにやってくるのは、かつてすごした村のように自然が美しく、たくさんの鳥や動物たちがいて、すべてが適度に控えめに保たれている世界だ。いうまでもなく、それは終わりであると同時にはじまりでもある。

危うい バランス

オットー・ワーグナー

Otto Wagner　1841-1918

オットー・ワーグナーの絵に含まれる優しさは、それが優しさとして描かれていないからこそ浮きあがる控えめで典雅《てんが》なものだから、注意しないと見損なうし、むしろ前提として観るものに優しさを必要とする類《たぐい》のものだ。でもだからこそ不思議な存在感があり、建築史のなかでほとんど唯一といっていいその居場所をほかに譲る気配はまったくない。

一九世紀末、バルト海とイタリアを結ぶ「琥珀《こはく》街道」とドナウ河の交差点に位置するウィーンは、多様な民族が混在するコスモポリスとして、まさに文化の爛熟《らんじゅく》をきわめていた。絵画や彫刻、音楽や歌劇が次々に生み出され、一九一四年に皇帝の世継ぎ、フランツ・フェルディナントがサラエヴォで暗殺されて第一次世界大戦に雪崩《なだ》れこむまでのあいだ、「世紀末ウィーン」はまさに世界文化の中心だった。建築はロココ全盛、華美で耽美《たんび》で過剰な装飾、まるでバブル全盛の甘党の建物が街を席巻し、ありったけ

「帝国・王立美術院」計画案　一八九八年　Academy of Fine Arts Vienna

の装飾を身につけた建築こそが豊かさの象徴であるような、そんな時代だった。それに対しワーグナーが求めたのは、時代に左右されない古典的な美しさであり、理性的な質感やプロポーション、そして必要最低限の意味のある装飾、だった。

年齢を重ねるごとにワーグナーの装飾はどんどん削ぎ落とされ、晩年には近代建築の萌芽《ほうが》のような厳格な作品を多く発表したけれど、ぼくは若いときのドローイングのほうが好きだ。なぜならそこには、白いのっぺらぼうなモダニズム建築に移行する直前の、装飾と非装飾のもろくて繊細なバランスがぎりぎりつま先立ちしているように見えるから。

ロココという言葉が「洞窟」という意味からきているように、当時の建築は過剰なまでの凹凸やレリーフに覆われ、空間全体を複雑な陰影で埋め尽くさずにはいられないという強迫観念にとり憑《つ》かれていた。けれどもワーグナーはむしろ平滑な面を平滑なままに、そして最小限の立体的装飾はむしろそれを際立たせるためのスパイスとして用いた。それはたとえば同じウィーンのクリムトの絵を思い出させる。まるで切り絵を貼り重ねたような平坦な衣装や背景の中心にある、ふくよかな女性の体。本来同居するはずのない表現がひとつの画面のなかに押しこめられる。異なる世界からやってきたものたちが、ぶつかり合いながらひとつの美に向かうという感覚を、ピカソやエルンストよりもとびきり上品に美しくなしえたのはクリムトだった。

そしてもうひとつ、ワーグナーのドローイングは周囲を額縁で彩られ、美しいタイポグラフィによる説明書きが添えられていることが多い。美術の分野ではこれは「画面分割」と呼ばれる技法だそうで、実際クリムトも多用したけれど、建築家のドローイングではほとんど見られない。それらの額や文字は単なる装飾や補足ではなく、それ自体がひとつの構成要素となっていて、それはたとえば街を歩く人や馬車、フェンスにからみつく薔《ば》薇《ら》やうす明るい空などとまったく同じように、そこに必要な世界の一部として扱われている。

だからワーグナーのドローイングを楽しむときは、そのなかにある建築を見るのではなくて、異国の友人から届いた一枚の絵葉書のようにすみずみまで眺め、風景というよりもその時代、その世界の価値観や美意識、生活の愉しみや悩みはどんなものだったんだろう、と想像する感じがいい。染みついた空気の余韻を味わいながら、描かれているわずかなことをもとに描かれていない多くのことを想う優しさが必要なのだ。

異郷の王女

リナ・ボ・バルディ
Lina Bo Bardi　1914-1992

リナ・ボ・バルディは生涯を通して、勇敢な少女だった。ほかの多くの勇敢な少女と同じようにバルディもまた、おさえきれないほどの好奇心と冒険心をもち、そして気まぐれな美しい世界を自分の内につくり、その世界の気高き王女でもあった。

ローマ生まれのバルディは八歳の秋に、自国の数万人のファシスト武装隊が意気揚々とローマに進軍するのを不思議な気持ちで見つめていた。でもそのすぐあとに統領であったムッソリーニが権力を握ると、街に警察官が増え、罪のない人びとが彼らによって次々にどこかへ連れていかれること、そしてそれをただ見つめるしかないまわりの大人たちに、怒りと不安を感じるようになった。何かとりかえしのつかないことが起きてしまったのではないだろうか？

二六歳で大学を卒業しミラノへ移ったバルディは、雑誌『ドムス』の編

「こどもたちのための空間」展 1984年

集に携わる（最終的には副編集長となる）一方、地下組織のレジスタンス運動にも積極的にかかわり、後に「砲弾と銃弾をかいくぐりながら地下を駆けまわった、人生の刺激的な一頁《ページ》」と語るような、充実した日々を送る。編集者でありながら、鋭いまなざしで都市を批評し、表紙のデザインなども手がけながら、深夜のバールで秘密工作に明け暮れる毎日。彼女の書いた社説がゲシュタポの目に留まるのも時間の問題だった。

旅行で訪れた南米の強い光と生命力に魅せられたバルディは、一九四三年にオフィスが爆撃で破壊されると、夫婦でブラジルへ移住することを決意する。それは彼女がこどものころから心に描いていた王国とどことなく似た場所のように思えた。

学生時代にコルビュジエやミースに強い影響を受け、ブラジルではルシオ・コスタやオスカー・ニーマイヤーのもとで働いたバルディは、正当派のモダニストであったが、同時に南米の神話や土着文化にも強く惹かれ、マティスやピカソのようなスケッチを描きながら、旅のエッセイやイラストを描き、こどもたちのために家具や噴水のデザインも好んで引き受けた。頼まれればイベントをこれ以上ないくらい楽しく仕立てあげた。一見ばらばらなこと——男性たちはよくそういういいかたをする——も彼女の王国ではすべてがつながっていたし、建築以外の仕事をするようになったのは、むしろまわりの男性たちがそう仕向けているから、と言葉には出さなかったがひそかに感じていた。彼女がつくるもの、もたらす世界はいつもたくさんの生き物や植物にあふれ、せせらぎが建物のまわりをとどまることなく満たした。ヨーロッパのモダニズムが静止した美だとすれば、バルディのモダニズムは刻々と表情を変える誰のものでもない獰猛《どうもう》で雑多な森のようであった。

生涯で数えるほどしか実作のないバルディだけど、代表作「サンパウロ美術館」は、巨大なガラスの胴体が赤い四本の足によって支えられた、まるで空想上の動物のような建築で、南米を代表する近代建築のひとつとなっている。そして彼女はその美術館の内装や家具のみならず、数多くの展示企画を手がけた。数カ月でとり払われてしまう展示に、王女はひとつの建築と同じくらいの愛情をそそいだ。

いつしかバルディ夫婦のまわりには世界中の友人たちが途切れることなく集まるようになり、自らが設計した植物の固まりのような自宅「チャメチャメ・ハウス」は、小さいころ描いた彼女の王国そのもののようになった。躍動し続ける彼女の世界のなかで、唯一動かないものは王女自身であり、周囲に温かく細やかな目を配りつつ、七七歳で息を引きとるまで、とうとうサンパウロの王国を離れることはなかった。

築くこと、傷つくこと、気づくこと

レベウス・ウッズ
Lebbeus Woods　1940-

誰がなんといおうとレベウス・ウッズは建築家だったのだけれど、ほかの同業者（あるいは空想家と呼ばれる面々）と違うのは、彼はあらん限りの想像力を駆使して、最悪の場合を描こうとした点だ。これよりひどい状況はない、これだけは起こってほしくない、という悪魔祓《ばら》いとしてのドローイング。

「瞑想録《めいそうろく》」というタイトルの一枚の絵がある。ぼろぼろの街にからみつく

where do (CONSTRUCTION / DESTRUCTION) begin and END?

「サラエヴォ：瞑想録」一九九三年

甲殻蟲《こうかくちゅう》のような奇怪な流動体、そして上空に静止するジャンクでシックな飛行体。彼らが街を破壊した侵入者なのか、あるいはそれを復旧させる救世主なのかは定かでない。経緯や理由が分からないまま、制御不能な無人状態で破壊と再生が（まるで当然といった風に）機械的に進められ、見慣れた街がみるみる変わっていく。家に帰るという根元的な行動が拒絶され、助けを呼ぶことすらできない形勢は——少なくとも建築的には——もっとも恐るべき状態といっていい。そして傍らにはなぐり書きのメッセージ。「これははじまりか？　それとも終わりなのか？」

　ピラネージの銅版画「カルチェリ」に代表される、廃墟や破滅といったものへの耽美《たんび》な羨望《せんぼう》は特に目新しいものではないし、アーキグラムやスーパースタジオはそういったべたつくロマン主義から一歩身を引きながら都市を傷つけた。彼らのまなざしの奥には、日常をリセットすることへの抑圧された願望や、架空のマスタープランナーに君臨することで「父親殺し」を達成するゆがんだ愛情が見え隠れする。けれどもウッズの関心は明らかにそれらとは違う。彼の偏執的な興味対象は「こわれる」であって、それは「こわれそう」でもなければ「こわれた」でもない。いままさにこわれているこの瞬間。それはまだ廃墟ですらない。そしてもちろんそれは、象徴としてのこわれではなくて具象としてのこわれなのだ。

独特の筆致が醸し出す不安や不気味といった感覚は、安閑《あんかん》とした「愚鈍な大衆」への警告であることはたしかだろう。ただし。彼が思う最悪の瞬間とは同時に（美学的には）最高の瞬間でもあって、色あざやかなパステルときめ細かいタッチによって描かれる壮麗な「こわれ」は、ばらばらに飛び散った破片ひとつに至るまで、すべての要素があるべき場所にきちんと正しく配置されている。それは脱構築なんかでは決してないし、むしろ綿密に構築されたきわめて建築的で主体的な所作《しょさ》といっていい。ウッズは自らの考えるもっとも醜くそして美しい一瞬を、時の流れから切りとって物語に封じこめたのだ。はじまりでも終わりでもなく、決して起こってはいけない瞬間として。

……ということで美しい絵本はそれに相応しいエンディングをむかえるはずだった。しかし。

事もあろうか最悪の事態が訪れた。

ベルリンやサラエヴォ、朝鮮半島といった圏外の危険地帯をテーマに作家活動を行ってきたウッズは、ニューヨークのある晴れた朝、とてつもない場面を目の当たりにする。母国の中枢が想像をはるかに超えたグロテスクで芝居がかった演出によってこわされたのだ（どんなに想像をめぐらせても、予測不能なことは本当にいつだってその外側にある）。そして地元クーパーユニオン校で教鞭をとるウッズにとって、まるで悪夢のようにくりかえし再生されるその映像は、教育の題材として、いや作家性に対する踏み絵として残酷に結論をせまった。さあ、君はこれをどう受け止める？

あの日以降、ウッズのドローイングは決定的に変質する。色彩はモノトオンにおさえられ、獰猛《どうもう》に抽象化したフォルムとタッチは一世紀前のニューヨークの原型、ヒュー・フェリスのレンダリングを思わせる。フェリスは古典からの安易な引用による折衷主義を回避するために、細かい表現が不可能な木炭画という手法を選択したが、強烈な実体験によって精密描写の必然性に疑いをもったウッズはまったく別のルートで同じゴールにたどり着いた。大地から隆起して空を削りとるフェリスの摩天楼に対し、ウッズの描く水晶体はすべてが落下し、地球の中心へ向かっていくのだけれど。

具象から抽象への流れというのは退行ではない。ただ極度に単純化されたウッズの造形は創作や建築という行為に対する怯《おび》えやとまどいを感じさせ、ひっかき傷のような無数の走査線は動くもの、連続性への畏怖《いふ》を漂わせる。その画趣はかつての呪術的効力は影をひそめ、むしろセンセーショナルな現実の記述《トレース》へとなり変わった。抽象表現とはそれを鑑賞する他者の存在を逆説的に意識した複数人の世界観である。孤独で構築的なかつての「こわれ」はそこにない。建築家が潜在的に追い求めるユートピアは実在しないがゆえに追い求められるけれど、悪魔祓《ばら》いはそれを食い止められなかったとき、その価値を永遠に失う。つまりウッズは「こわれ」をコントロールすることから撤退し、恐ろしい現実の共有に身をゆだねたのだ。

架空のもののために涙を流すこと。時代は末梢《まっしょう》な贅沢《ぜいたく》を彼から奪った。

「ワールド・センター」

真っ当な不思議さ

アタナシウス・キルヒャー
Athanasius Kircher　1602-1680

キルヒャーには会ってみたかった。一緒に仕事はしたくないけど、飲みに行ったらきっと話が尽きないと思う。あらゆる知識が深く、空想的で、己を信ずる努力家であり奇譚《きたんか》家。もっとも彼は神父でもあったからお酒は飲まないと思うけど。

アタナシウス・キルヒャーが生きた時代の科学には常に宗教的、魔術的なものが含まれていて、イエズス会を中心とするキリスト教の宗教観と、ニュートンやケプラーが次々とひもとく客観的物質世界が、大いなる矛盾を抱えながら、同時に奇妙な融合を果たしているような世界だった（ホグワーツみたいだ）。だから彼が生きていた世界というのはぼくにとっては現実的ではないし、そういった意味では彼が描いた世界も彼が生きた世界も等しく寓話《ぐうわ》的だ。

彼は建築家であると同時に実直な神学者でもあったから、未来の理想郷

「ノアの方舟」1673 年

を描くということよりもむしろ、我々がどこから来たのか、世界のはじまりはどこにあるのかという源泉への興味が勝っていた。そしてすべての答えは「すでに聖書のなかにある」。とはいうものの、キルヒャーが描く壮大な絵巻物はどれも独創的で破天荒で、死後長きにわたって虚言とみなされ、歴史上無視されていたこともむしろクールだ。

代表作「バベルの塔」はその科学分析も含めてとても創造的だし、世にも奇妙な『シナ図説』は一流の童話エンターテインメント。でもぼくがいちばん気に入っているのはやっぱり「ノアの方舟《はこぶね》」だ。

『創世記』をもとに描かれた「ノアの方舟」はキルヒャーらしく、実直な読解と独特の解析によって物語が情景へと翻訳されている。神の預言によって、舟に乗ることが許されたのはノアとその妻子、八人の巨人、そしてすべての種類の生あるものそれぞれ一対ずつだった。でもそこには具体的な動物の種類や舟のかたちなどは記されていない。そのためキルヒャーは巨人に大きさや意味を与え、なじみの動物以外にも一角獣や人魚、ヒドラまでも登場させ、それらを序列化して並べ、舟の大きさや空間構成、デザインを決めていった。なんとも建築的発想。

方舟の内部は中廊下式の三層構造になっていて、下層には四足獣、中層は食料庫、上層には鳥類と操縦室が割り当てられた。舟は余計な装飾を排除されて大胆に翻訳され、まるで数百年後に誕生するモダニズム建築のような明快な構成を先どりした。

絵本の挿絵のように妖《あや》しい雰囲気が強い印象を与えるが（実際キルヒャーの「ノアの方舟」はハプスブルク家最後の王として知られる、一二歳のスペイン王カルロス二世に捧げられた）、天動説と地動説が不思議と共存していた当時の社会では、動物たちが行儀よく一列に舟に乗りこむのも、ノアが九五〇歳まで生きたのも、さして不思議なことではなく、まるでふつうのことのように感じてしまう。それはきっと限られた情報の大いなる余白を埋めるために、キルヒャー自身が世界の仕組みをつくりあげたからにほかならない。仕組みを描くということは、その世界に重力を与え、空気の組成を決めることだ。そのわずかな違いによって、ある時ガリレオは迫害され、ある時コペルニクスの著書は閲覧中止となった。自分が生きているこの世界は非常にもろく、過去や未来にはいまは目にしない別の世界が当然のように存在している、という彼のものの見かた、生きかたに、底深く陶酔し、敬服する。

作家紹介

アタナシウス・キルヒャー（1602-1680）

イエズス会士。ドイツ、フルダの近くで生まれる。膨大な著作を残し、その内容は古代エジプト（ヒエログリフの解読）、支那（漢字のエジプト起源説を提唱）、磁石、音楽、光にまでおよぶ。主著に『シナ図説』『地下世界』『磁石論』など。

「建築家にとって、人をびっくりさせせながら喜ばせたい、というのはとても大切な性質のように思います。それが絵空事だったとしても。おそらくたぶん」

アルド・ロッシ（1931-1997）

建築家。イタリア、ミラノ生まれ。在学中から『カサベラ』の活動・編集に携わる。記憶と歴史が交錯する都市に建築の類型を見出した「類推的建築・都市」などの思想とその作品は、一九七〇年代以降の建築界に影響を与えた。一九九〇年、プリツカー賞を受賞。

「ごつごつした、乾いた世界に生きる人。そういう世界をのぞくと、とてもとても遠くに来てしまったような気持ちになりますが、なぜか懐かしくもあります。交通事故で亡くなったのがわずか六六歳だったなんて」

アルネ・ヤコブセン（1902-1971）

建築家。デンマーク、コペンハーゲン生まれ。代表作「SASハウス」などの建築のほか、「アントチェア」「エッグチェア」など、優れた椅子デザインも多い。作品の多くで、建築の設計にとどまらず家具デザインまでを一貫して手がけた。

「多くを語らず、ひたすらにつくり続けるということが、逆に美しい言葉を語る建築になることもあるのでは。言葉を介さない会話を楽しめるような建築をつくれる人はすごいと思う」

エットーレ・ソットサス（1917-2007）

建築家・デザイナー。オーストリア、インスブルック生まれ。オリベッティ社のデザイン主任を務めた後、一九八一年にデザイングループ「メンフィス」を結成。カラフルな棚「カールトン」などを発表し、ポストモダニズムの旗手として活躍した。

「むかしはこの人のデザインが苦手でした。でも最近はそれもありかな、と思うようになりました。彼の作品というよりも、むしろ彼が背負っているものの存在にほんのすこし気づいたからかもしれません」

エミリオ・アンバース（1943-）

建築家。アルゼンチン、レシステンシア生まれ。プリンストン大学で建築を学んだ後、MoMAのキュレイターを務める。建築家として独立後は、自然と共生する建築プロジェクトを数多く構想。プロダクトデザイン、グラフィックデザインまで幅広く手がける。

「建築を描くのではなくてそれがある世界を描く、という意味ではアンバースはとても真っ当な建築家であると思います。一時期のブームが去ったいま、再評価されてもいいのではないでしょうか」

エーリッヒ・メンデルゾーン（1887-1953）

建築家。東プロセイン（現ポーランド）、アレンシュタイン生まれ。ドイツ表現主義を代表する「アインシュタイン塔」を手がけた後も、「ショッケン百貨店」など多くの建築を実現。ナチス政権の成立とともにドイツを離れ、後にアメリカで活躍。

「軽さというものをはじめて建築にもちこんだ人だと思います。極限まで削ぎ落とす、という美学は数寄屋にも相通じるものだと思います。ちなみに作曲家はメンデルスゾーンで別人」

オットー・ワーグナー（1841-1918）

建築家。オーストリア、ウィーン生まれ。ウィーン美術アカデミーの教授を務め、一八九五年には、著書『近代建築』を刊行。後に代表作「ウィーン郵便貯金局」などを手がけ、一九世紀末から近代への橋渡し的存在と見なされている。

「いま見ると古典的にしか見えないものも、当時はきわめて挑戦的で革新的であったと思うと、ぼくたちが生きているこの世界のどんな前衛も、やがてはそうなるのですね。あたりまえだけど、やっぱり実感できません」

シャルル・フーリエ (1772-1837)

思想家。フランス、ブザンソン生まれ。「情念引力」にもとづいた共同体「ファランジュ」を構想し、その思想はフーリエ主義として受け継がれた。いわゆる「空想的社会主義」として不当に軽んじられていたが、特に五月革命（一九六八年）以後、再評価されつつある。

「ロバート・オーウェンやサン・シモンを読んでもぼくはあまりぴんとこないのですが、フーリエの世界はどきどきと鼓動が速くなります。生活を変える、ということの覚悟のようなものが、毒にも薬にもなるような感覚」

ジョン・ソーン (1753-1837)

建築家。イギリス、ゴリン・オン・テムズ生まれ。一八〇六年のロイヤルアカデミー教授就任を機に、学生が閲覧できるよう、自邸で書籍や鋳造物の収集を開始。死後、現在に至るまで一般に公開されている。代表作に、新古典主義とされる「イングランド銀行」など。

「世界中から美術品や骨董品を集める、というのは植民地支配的な行為なのかもしれません。でも彼の集めかたは、それ自体がひとつのアートワークになっているようで、そういった憤りを不思議としずめてしまいます」

スタンリー・タイガーマン (1930-)

建築家。アメリカ、シカゴ生まれ。イェール大学などで建築を学んだ後に独立。一九八二年より、建築家であり妻でもあるマーガレット・マッカリィと協同。ポストモダン期のアメリカ建築界をリードした建築家として実作も多く、教育活動にも意欲的にとり組む。

「どんなに偉い人も恐い人も、家のなかではまったく別の人間的魅力をもっているのではないでしょうか。そしてそれは必要以上にかくす必要もないと思うのです。生活感のない人、なんて意外とつまらないものです」

スーパースタジオ (1966-1982)

建築グループ。一九六六年、イタリアで活動開始。アドルフォ・ナタリーニを中心とする六人のメンバーからなる。「ラディカル・アーキテクチュア」と呼ばれた一連の建築プロジェクト（主にドローイング）を発表し、一九六〇から七〇年代の前衛建築家を牽引。

「未来的な世界なのに、まるで遺跡のような古さも同時にある世界。そして混乱しながらも停止した世界。日本人には絶対に描けない世界だと思います。だからこそ同じイタリアのアーキズームよりも、見飽きません」

トニー・ガルニエ (1869-1948)

建築家。フランス、リヨン生まれ。イタリア留学時に「工業都市」を構想し、一九一七年に書籍として刊行。緻密な都市計画と鉄筋コンクリートの建築は、コルビュジエをはじめ当時の建築家に影響を与えた。帰国後は生地リヨンで多くの建築を実現した。

「濃密なオタク的世界が閉鎖的にならなかったのは、その先に人間への優しい愛があったからだと思います。工場を描くことで人間を描く、というつつしみ深さに惹かれます」

ハンス・ペルツィヒ (1869-1936)

建築家。ドイツ、ベルリン生まれ。ドイツ表現主義とされる「ベルリン大劇場」など建築作品は寡作だが、生涯で数多くの映画・劇場セットを手がけた。教育者としての顔ももち、晩年までベルリン工科大学で教鞭をとった。

「ある時代に生きながら、同時にまったく別の時間を生きていたような感覚をもつ人だと思います。そういうずれのようなものが、芸術家にとってはむしろかけがえのない資質ではないでしょうか」

ヒュー・フェリス (1889-1962)

レンダラー。アメリカ、セントルイス生まれ。ワシントン大学で建築を学ぶが、自ら設計することはなく、ほかの建築家のレンダリング（建物のパースを描くこと）を生業とした。一九二九年、レンダリング作品を集めた『明日のメトロポリス』を刊行。

「すばらしい建築家がすばらしい街をつくれるとすれば、すばらしい街もまたすばらしい建築家をつくり出します。そしてヒュー・フェリスは建築家ではなかったけれど、ある意味で建築家以上に建築家だったのでは」

ピーター・クック (1936-)

建築家。イギリス、サウスエンド・オン・シー生まれ。AAスクールなどで建築を学ぶ。一九六一年から、デヴィッド・グリーンらとともにアーキグラムの活動を開始。「プラグ・イン・シティ」などのプロジェクトを発表。ロンドン大学バートレット校で校長も務めた。

「むかしは悪かった、などという大人をぼくは信じません。だって本当に悪い大人は、そんなことというひまもなく、いつだって悪いことに大まじめにとり組んでいるから。大好きなピーター、その調子で長生きしてね」

ピーテル・ブリューゲル (C.1525-1569)

画家。一説では、ネーデルラント、ブレダ生まれとされる。「村の結婚式」や「農民の踊り」などに代表されるように、農民の生活を細部に至るまで描写。風俗画のなかに寓意をこめた作風で知られる。

「ブリューゲルの世界は図鑑のように公平で、そしていつも驚きを含みます。絵のもつ力、プレゼンテーション力をあらためて気づかせてくれます」

フンデルトヴァッサー (1928-2000)

芸術家・建築家。オーストリア、ウィーン生まれ。本名フリートリッヒ・シュトヴァッサー。もともとは画家を志す。一九八五年からペーター・ペリカンと協同し、有機的な曲線とあざやかな色彩を用いた建築を手がけた。主な作品に「フンデルトヴァッサー・ハウス」など。

「建築にはなくて、絵画にはある楽しさのようなものを、人生をかけて建築にもちこもうとした人。こんなにも強く自由に生きれたら、と思います」

ヘルマン・フィンステルリン (1887-1973)

建築家・芸術家。ドイツ、ミュンヘン生まれ。医学、物理学、化学、哲学を学んだ後、ミュンヘン芸術アカデミーで絵画を学ぶ。ブルーノ・タウトの「ガラスの鎖」など、前衛芸術家のグループに参加。建築のドローイングを数多く残したが、実作は手がけられなかった。

「最初に見たときの衝撃は忘れません。何ものにも属していないし、その後に続くものもいない、はるかむこうの世界。前衛はこうでなくっちゃ、と思います。それにしても自分のことを『予言者』と呼ぶなんて」

ポール・ルドルフ (1918-1997)

建築家。アメリカ、エルクトン生まれ。ハーヴァード大学ではグロピウスのもとで建築を学ぶ。後にイエール大学建築学部長を務め、自身が手がけた「イエール大学芸術・建築学部棟」は代表作。アメリカの後期モダニズムのアイコン的存在。

「建築家のドローイング、というと真っ先に思い出すのが彼のことです。フリーハンドでまっすぐな線が引ける、均一なパタン模様が書ける、など建築家がもつべき肉体的資質を余すことなく伝えてくれます」

マッシモ・スコラーリ（1943-）

建築家。イタリア、ノビ・リグレ生まれ。アルド・ロッシのもとで建築を学んだ後、多くの大学で教鞭をとる。『カサベラ』などの編集者も務めた。ドローイングを創作の中心とし、作品はMoMAの永久展示作品にも選ばれている。二〇〇一年に飛行士の資格を取得。

「彼くらい無口で謎の多い建築家もたまにはいいと思います。はっきり解説されないことによる余韻の豊かさというのは、実は美しい言葉で説明される感動と表裏一体のような気がします」

ヨナ・フリードマン（1923-）

建築家。ハンガリー、ブダペスト生まれ。CIAMの第一〇回会議で「移動建築」の考えかたを提起し、後に「空中都市」のアイデアを展開。建築は居住者のニーズとアイデアによってかたちづくられるべきとした。国連などで発展途上国の住宅問題の解決にも尽力。

「個性というのは時代の大いなる共感があってはじめて個性と評価されます。そうじゃなかったらただの変わり者だもの。フリードマンはそういう意味ではきわめて個性的な作家だと思います」

ラルフ・ラプソン（1914-2008）

建築家。アメリカ、アルマ生まれ。ミシガン大学などで建築を学んだ後、エリエル・サーリネンに師事。一九四五年に「ケース・スタディ・ハウス・プロジェクト」のメンバーに選出される。主にミネソタで数多くの作品を手がけ、「ガスリー劇場」などで知られる。

「ラプソンといい、アルバート・フライといい、テクノロジーがもつ色気に野性的に感応できる感覚は、この時代のアメリカ特有のものだと思います。この人の人生を映画化するとしたら、配役はショーン・ペンで決まり」

リナ・ボ・バルディ（1914-1992）

建築家。イタリア、ローマ生まれ。ローマで建築を学んだ後、『ドムス』の編集長だったジオ・ポンティのもとで働く。旅行先ブラジルでのオスカー・ニーマイヤーらとの出会いを機に、ブラジルへ移住。独立後は代表作の「サンパウロ美術館」などを手がけた。

「二〇世紀の建築ドローイングを見渡すと、女性建築家はほとんどいないことに気づきました。あえてひとり選ぶとしたら絶対この人、と思います。きっとワイルドで聡明な人だったのでしょう。ラフレシアの花みたいに」

ルドルフ・シュタイナー（1861-1925）

思想家。オーストリア＝ハンガリー（現クロアチア）、クラリエヴェク生まれ。若くしてゲーテ研究者、哲学者などとして注目される。神智学に傾倒した後、自ら人智学を提唱。人智学協会を創設し、その理念を具体化した建築「ゲーテヌアム」を手がけた。

「むしろ建築以外の人のほうが、彼については詳しいのでは。建築家がもってしまう窮屈な世界観、保守的なものの考えかたをものの見事に吹き飛ばしてくれる作品。彼はあきらかに自由の翼をもった人間だと思います」

レオン・クリエ（1946-）

建築家。ルクセンブルク、グレーヴェンマッヒェル生まれ。ロブ・クリエの弟。シュツットガルトで建築を学んだ後、ジェームズ・スターリングに師事。都市の工業化による影響を嘆き、古典的な都市形態にもとづいた都市計画などを構想した。

「映画のワンシーンを描くように建築をつくりました。ルクセンブルクという小さな国で、勇敢な兄弟がまるで自分たちの秘密基地のように街中を駆けめぐり、冒険しながら育ったのでは、とついつい勘ぐりたくなります」

レベウス・ウッズ（1940-）

建築家。アメリカ、ランシング生まれ。イリノイ大学などで建築を学んだ後、エーロ・サーリネンに師事。一九七六年より、主に建築理論とドローイング、そして実験的な作品を活動の中心とする。ニューヨークのクーパーユニオンで教鞭をとる。

「機械のような生物なのか、その逆なのか。見るもののルールを揺さぶり続けることが彼にとっての建築家なのだと思います。実際会うとシニカルなところなんてみじんもない、快活な登山家のような人でした」

ロブ・クリエ（1938-）

建築家。ルクセンブルク、グレーヴェンマッヒェル生まれ。レオン・クリエの兄。ミュンヘンで建築を学んだ後、フライ・オットーに師事。ヨーロッパ都市の伝統にもとづいた建築と都市計画を実践し、一九八〇年代のポストモダンに至る動きに貢献した。

「科学者のような緻密な視線と、画家のような柔らかいまなざしがひとりの人間に同居できるのは、それらのあいだに建築があるからでしょう。そして何より、人間への敬愛があるからでしょう」

図版・写真クレジット

Academy of Fine Arts Vienna	113
Archigram Archive	95
Danish National Art Library	99
Emilio Ambasz & Associates, Inc.	19, 21
Fondazione Aldo Rossi	45
Hundertwasser Archive, Vienna	77
Kunsthistorisches Museum, Vienna	37
Lebbeus Woods	120-121, 125
Léon Krier	82, 84
Massimo Scolari	49
Natalini Architetti	23
Paul Rudolph Foundation	15
Rapson Architects	105
Rob Krier	81
Rudolf Steiner Nachlassverwaltung	27
Sir John Soane's Museum	67
Studio Ettore Sottsass	109
Tigerman McCurry Architects	91
Tom Schumacher	93
Yona Friedman	87, 88

図版出典

ジョスリン・ゴドウィン『キルヒャーの世界図鑑』川島昭夫訳、澁澤龍彦・中野美代子・荒俣宏 解説、工作舎、1986 年	127
ジョナサン・ビーチャー『シャルル・フーリエ伝 幻視者とその世界』福島知己訳、作品社、2001 年	31
吉田鋼市『トニー・ガルニエ』（SD 選書 219）鹿島出版会、1993 年	54
『SD』1987 年 8 月号、鹿島出版会	41, 43
Hugh Ferriss, *THE METROPOLIS OF TOMORROW*, Princeton Architectural Press, 1986	71
Olivia de Oliveira, *SUBTLE SUBSTANCES. THE ARCHITECTURE OF LINA BO BARDI*, GG, 2006	117
Reinhard Döhl, *FINSTERLIN*, Verlag Gerd Hatje, 1988	59
Vittorio Magnago Lampugnani, *VISIONARY ARCHITECTURE OF THE 20TH CENTURY Master Drawings from Frank Lloyd Wright to Aldo Rossi*, Thames and Hudson, 1982	53
Wolfgang Pehnt, *EXPRESSIONIST ARCHITECTURE IN DRAWINGS*, Thames and Hudson, 1985	63

初出

「非余白モデル」『建築文化』2003 年 12 月号（彰国社）を改稿	98 - 102
「築くこと、傷つくこと、気づくこと」『建築文化』2004 年 8 月号（彰国社）を改稿	120 - 125

あとがき

美術評論家で書店経営者でもあった大島哲蔵さんが推してくださって、『建築文化』の洋書書評の原稿をはじめて書いたのが大学院の修士を終えようとするころでした。自分が書いた文章が活字になる、ということがうれしいのと怖いのとで心臓はばくばく、いまだないほど緊張したことを覚えています。以来、選書も含めて定期的にかかわらせていただきましたが、洋書なのをいいことに、日本であまり知られていない本を見つけ出してきては勝手な妄想をめぐらせて言葉にする、ということが愉しくてたまりませんでした。

そしていつものように大島さんから「おもしろい本があるからまた遊びに来なさい」と電話があって、大阪へ向かおうとした前日、突然の訃報が届きました。

大島さんの書店は本屋というよりもむしろ自身の仕事場で、密林のような本棚と雑多なダンボール箱、書きかけの原稿がひしめくアジトのような場所です。その濃密な空間（まさにジョン・ソーンの家のよう！）は主人亡きあと、ますます凄《すご》みを増しているように見え、無数の世界が発する生命力にむしろ満ち満ちていました。

人が亡くなっても、その人のまわりにあった世界の重量感のようなものは、ぼくたちが注意深く探検し、想像を膨らませさえすればいつでもよみがえるような気がします。そしていまぼくたちが生きるこの世界も、膨大な、起こらなかった世界の亡霊たちとともにあると考えると、毎日がすこしずつ豊かに、生きやすくなると思うのです。

企画から編集まで、献身的に導き、勇気づけてくれた彰国社の前田さん、本にすてきな存在感をもたらしてくれたデザイナーの圓岡さんと小林さんに感謝するとともに、今年に入ってたて続けに亡くなった祖父と父に、この本を捧げます。専門的な内容じゃないから読めると思うよ。

三浦文典

二〇一〇年七月

三浦丈典（みうら たけのり）／建築家

一九七四年　東京都生まれ
一九九六年　早稲田大学理工学部建築学科卒業
一九九九年　ロンドン大学バートレット校ディプロマコース修了
二〇〇一年　ナスカ一級建築士事務所勤務（〜〇六年）
二〇〇四年　早稲田大学大学院博士課程満期修了
二〇〇七年　スターパイロッツ代表

その他の著書に、
『こっそりごっそりまちをかえよう。』（斉藤弥世 絵）、
『いまはまだない仕事にやがてつく君たちへ』（ともに彰国社）

アンビルト・ドローイング

起こらなかった世界についての物語

2010年8月10日　第1版 発　行
2024年6月10日　第1版 第4刷

著作権者との協定により検印省略

著　者　三浦丈典
発行者　下出雅徳
発行所　株式会社 彰国社

自然科学書協会会員
工学書協会会員

Printed in Japan

162-0067 東京都新宿区富久町 8-21
電話　03-3359-3231(大代表)
振替口座　00160-2-173401

印刷：壮光舎印刷　製本：ブロケード

ISBN978-4-395-00911-4　C3052　https://www.shokokusha.co.jp

彰国社の書籍

『リートフェルト・シュレーダー邸　夫人が語るユトレヒトの小住宅』

イダ・ファン・ザイル＋ベルタス・ムルダー 編著／田井幹夫 訳／Ａ５／一三六頁
シュレーダー夫人が語る、オランダ近代建築の代表作「リートフェルト・シュレーダー邸」の真実。

『西沢立衛建築設計事務所ディテール集』

西沢立衛建築設計事務所 編著／Ａ４変／九六頁
空間やものの関係が際立つように、かわいらしく配色された図面満載。

『建築・都市ブックガイド21世紀』

五十嵐太郎 編／四六／二八八頁
二一世紀を生き抜くためのサバイバル・ブックガイド。
三〇〇冊以上を一挙紹介。

『アルゴリズミック・アーキテクチュア』

コスタス・テルジディス 著／田中浩也 監訳／荒岡紀子・重村珠穂・松川昌平 訳／Ａ５／二〇八頁
真のデジタルとは何か？　建築の新たな探求を始めるために。

『けんちく世界をめぐる10の冒険』

伊東豊雄建築塾 編著／Ｂ６変／二六六頁
伊東豊雄の「建築塾」から生まれた、二一世紀のけんちく原理を探る、小さいけれど大きな一冊。